禅門の異流

盤珪・正三・良寛・一休

秋月龍珉

講談社学術文庫

まえがき

ひとたび禅経験（大死一番、絶後蘇息）を、わがものにしてからのちの、禅者の生き方は、まことに自由で、多彩をきわめている。そこにわれわれは、真に〝個性的〟な人間の生き方を見ることができる。

いまここに、日本の禅の、そうした独創的・個性的な禅者たちを数え上げれば、一休《いっきゅう》宗純《そうじゅん》（一三九四―一四八一）・石平正三《せきへいしょうさん》（一五七九―一六五五）・盤珪永琢《ばんけいようたく》（一六二二―九三）・大愚良寛《だいぐりょうかん》（一七五八―一八三一）らがある。本書はこれらの人々を『禅門の異流』なる一巻にまとめた。

これら一群の禅者たちに通ずるところは、ひたすら自己に忠実に、時の権威を眼中におかず、禅界の本流（？）の腐敗・堕落に敢然《かんぜん》としてプロテストして、独自の道を歩んだ、日本禅の偉流たちであったことである。そのプロテストの仕方は各自さまざまではあっても。

筆者はかつて『キリスト教史』をひもといて、その異端の歩みに心うたれた。いままた、こうした〝禅門の異流〟たちの生き方に深い共鳴を禁じえない。これは筆者自身の胎内に流れる天性のプロテスタントの血のゆえであろうか。または現在の禅界に対する（禅道においても禅学においても）わが万腔の反骨心からであろうか。

初め「禅門の異流」という課題を与えられた時に、編集部から内示された人選は、一休・沢庵・正三・良寛であった。その中で沢庵宗彭《たくあんそうほう》（一五七三―一六四五）を落して、代りに盤珪を加えて巻頭にすえることにした。それには理由がある。

先に筑摩書房のグリーンベルト・シリーズで小著『公案　実践的禅入門』を出版したとき、鈴木大拙先生が書いて下さった序文の中に、「公案にとらえられ、そのほかに禅なしと思い込んでおる人々のため」に「大いに稗益《ひえき》あることと信ずる」という言があった。しかし、前著は十分に先生のこの言葉に応ずるものではなかった。筆者がこの書で、盤珪に少々多くのページをとりすぎたのは、一つにはおそまきながら故先生のあの期待に報いたい心があったからである。

しかし盤珪については、すでに先生の名著がある。本書もそれ以上に出ることができなかった。ただ本書では読者各位とともに、より多く盤珪その人の法語に親しみたいと願った。正三については、もっともっと書かれてよいと思う。すでに中村元博士の特色ある研究があるが、禅プロパーの立場からも、もっと取り上げられて然るべしと思う。ここには紙数の制限で、資料を『驢鞍橋《ろあんきょう》』一巻に限り、正三自身の著書に及びえなかったことを遺憾とする。

良寛については、その短歌より漢詩に重点をおいて、そこから良寛その人に迫ろうと試みた。すなわち詩によって良寛の禅意識ないし禅思想（禅体験に対する。大拙先生の造語）を見ようとした。良寛が有名なわりには、この方面の研究は少ない。詩に付した口語訳は、まったく初心の読者のための便宜を慮っての試訳にすぎない。各位の叱正をお願いしたい。

最後に、一休その人については、正直、とうてい筆者の手に負えないという思いに何度もかられた。これも詩からの一休禅の解明に重点をおいたが、略註を付するにとどめて、あえて口語訳を試みなかったのは、筆者などの力では生臭《なまぐさ》くて鼻持ちならぬ文字になることを恐れたからである。いずれ折をみて『狂雲集』の全釈に手を染めてみたい。

稿を終えて思うことは、各人一冊ずつ、十分のページをとって、改めて取り組んでみたいという新たな意欲である。しかし、盤珪の不生禅、正三の二王禅（また在家禅）、良寛の大愚禅、そして一休の風狂禅と、なるべくそれぞれ本人の原典の引用と解読とを主としながらも、現在の筆者なりの見方は、ここにまがりなりにも述べておいた。大方の高教を得ることができたら幸せである。と言っても、本書はもともと、初心の人々のための原典への手引として書かれたもので、専門の達者のための研究書でないことは断わるまでもない。

原稿がおくれて編集部の方々に多大の迷惑をかけたこと、そして資料の筆写に口述の筆記に、親身になって助力を惜しまれなかった真人《しんにん》会の根本克子さん、鈴木恭子さん、掬水《きくすい》会の小松清子さん、森井富貴子さん、佐藤恵子さんに、心からの謝意を表したい。

この小著をなき父両忘院無尽直心居士の十七回忌の霊前にささげる。

昭和四十二年六月

牛込　即非庵にて

秋月龍珉

目次

禅門の異流

まえがき　3

不生の仏心の説法・盤珪禅師語録……………………13

一　不生の人　13
二　盤珪禅の特色　44
三　不生禅の提唱　60
四　禅師の行履　90

二王坐禅と在家仏法・正三道人『驢鞍橋』……………99

一　禅門の一匹狼　99
二　曠劫多生の修行　107
三　正三の二王禅　121
四　正三の在家仏法　147

わが詩は詩にあらず・良寛禅師詩集……………………157

一　大愚の生涯　157

二　詩でない詩（『草庵集』鈔）　212

風狂の禅と詩と・一休禅師『狂雲集』……………………251

一　風狂の自由人　251
二　祖師禅の源流にくんで　269
三　栄衒の徒を呵して　284
四　狂雲は大徳下の波旬（悪魔）　290
五　性の自由境を謳歌して　298
六　「風狂の禅」私見　309

参考文献　316
〔付記〕序・著作集版に寄せて　320
あとがき　323

解説　「偉流の人」が描く、禅の圧倒的な個性と多様な魅力……竹村牧男…　325

禅門の異流

盤珪・正三・良寛・一休

本文および引用文において、視覚や聴覚などの身体的障碍や精神の失調に関する差別的な表現として使われる語が見うけられる箇所がある。引用文はいずれも論述において避けることができない歴史的資料であり、また、著者はすでに物故者であるため改変等は不可能であるので、そのままにした。

今回の文庫化に際し、新たにルビを付し、用字を新字・新仮名に改めるなどした箇所がある。また、本文中に述べる事項の年代や引用する詩歌の表記等について、原本刊行後に公刊された諸研究の成果を参照して、必要と思われる箇所に限り最小限の修正を施した。

不生の仏心の説法・盤珪禅師語録

一　不生の人

日本禅の三大流

日本の禅（仏心宗）の代表的なものは大きく分けて、だいたい三つ考えられる。一つは道元（一二〇〇―五三）の日本曹洞《そうとう》宗、もう一つは応・燈・関（大応―大燈―関山）とつづいて正受《しょうじゅ》老人から白隠（一六八五―一七六八）に流れた日本臨済《りんざい》宗、そして最後の一つがここに紹介する盤珪《ばんけい》（一六二二―九三）の不生《ふしょう》禅である。

盤珪は道号で、法諱を永琢《ようたく》という。後水尾天皇の元和八年（一六二二、徳川秀忠の治世最末期）三月八日に、播磨国揖西郡浜田村に儒医菅原（もと三好氏）道節を父として、五男四女の三男として生れた。幼名を母遅《もち》といった。東山天皇の元禄六年（一六九三、五代将軍綱吉の治世）九月三日、同郡網干村竜門寺に遷化《せんげ》（禅僧の死をいう）した。

不思議な音声

『盤珪語録』の中に実に恐ろしい一節がある。それはまた、もっともよく盤珪の人柄を現わしている逸話でもある。まずその原文から紹介しよう。

播の姫府《ひめじ》に瞽者《こしゃ》（盲人）あり、人の音声《おんじょう》を聴きて、その意中を知る。たとえば盲波羅《ばら》門《もん》の八種声を識分《しきぶん》するがごとし。あるとき人の行歌してその近街を過ぐるを聞いて曰《い》わく、「首なくして善く歌う」と。妻奴こもごも笑うて曰わく、「口は首にあり、果してその妾を徴するに足れり」と。瞽曰わく、「しばらくこれを須《ま》て」と。その人また歌うて帰る。たちまち首を刎《は》ぬるの声あり。冤《あだ》の曰わく、「さきにこれを刃《やいば》せんとするも、主用を帯ぶるを知る、ゆえに候《ま》てるのみ」と。

その盲つねに言う。「賀辞には必ず愁声《しゅうせい》あり。弔辞には必ず歓声あり。人情一のごとし。われ、盤珪和尚の音声を聞くに、利衰毀誉《りすいきよ》、尊卑老稚《そんぴろうち》において、その音異ならず、和平にして戻《もと》らず。けだし凡識を脱離す」と。われ、ひそかにここにおいてこれを知る。その道徳神妙なる窺知するところにあらず。（正眼国師逸事状　二六）

播州の姫路に、一人の奇特な盲人が住んでいた。音声によってよく人の心の中を察知したという。あるとき一人の武士が謡《うたい》をうたいながら近くの街を通るのをきいて、「首がないのによく謡を歌っている」といった。そこで、その盲人の妻や女中たちが笑い出して、「口というものは首についているものだ。口がないのにどうして謡がうたえるか。なんという愚かなことをいわれる。どんなに勘のよいめくらだといっても、やっぱりめくらはめくらだ」と言い合ったという。すると、その盲人が「ちょっと待っておれ」といった。しばらくして、さきほどの武士が反対の方角から、また朗々たる声で歌いながら帰ってきたが、たちまちエイッという気合一声、首のとぶ音がした。その謡をうたって通った武士には、かたきがあった。そのかたきのいうのには、「さきほど切ってしまおうと思ったけれども、かれが主人の命をおびて使いに行くところだということを知ったので、武士の情で、主命を果して帰ってくるまで待ってやったのだ」というのであった。この盲人は、謡の声をきいただけで、まもなくその武士が死ぬ運命にあることまで察知することができたほどの、霊感の持ち主であったという。

　この盲人が、いつも「盤珪さまはまことに不思議なお方じゃ」という。なぜかというと、「およそ人が他人に祝いをのべる時には、その喜びの言葉の裏にかならず悲しみを帯びている。反対におくやみを言っている時には、かならずその弔辞の中に喜びのひびきがかくされている。人情というものは実にかくのごときものである。だが盤珪さまだけは、喜びにも悲しみにも、他人に与えられる言葉はしんからそのもので、二心《ふたごころ》がまったくない。思うに盤珪さまというお方は、お顔はみたことがないけれども、そのお声だけから察しても、われわれ人間の凡情をはるかに超脱していらっしゃるお方である」と。

　人に悔みをのべること、人とともに悲しむことは、まだ比較的やさしいが、他人の喜びをわが喜びとして人とともに喜ぶことはなかなかむずかしい。そんな場合多くは、言葉では「おめでとう」といっているけれども、腹の中ではそうではない。たいていはかれをうらやみ、みずからのために悲しんでいる。「賀辞には必ず愁声あり。弔辞には必ず歓声あり」、まるで作り話かと疑うばかり、人の心の深奥をのぞいて、夏なお寒い思いがする。仏教は「無我」の教えだという、禅は「無心」の境涯を貴ぶという。しかし「無心」とか「無我」という言葉も、ここまで人格化されなかったら本物ではない。

「無我」の人格化

「無心」とか「無我」ということが、時として修禅者の間に見られるように、単に心理的経験だけというのでは困るのであって、盤珪のようないわば人格的な根こそぎの転換であってこそ、始めて真に「無我」とも「無心」ともいえるのである。こういえば、何かたいへんむずかしい、特別の聖者だけのことのようにも思うが、世の母親たちは簡単にこれに似た境地に入ることができるのだ。子供が腹が痛いというと、母親はほんとうにわれを忘れて、まるで自分が腹が痛いように心配する。母親と子供との間は、二つであって一つ（不二《ふに》）である、「自他不二」である。子供の悲しみはわが悲しみである、子供の喜びはわが喜びである。それこそほんとうに「無我」で、相手とぴたりと一枚になって、文字通り「自他一如《いちにょ》」になることができる。

ところが残念なことに、隣りの子供との間はもうそうはいかない。隣りの子供と自分の子供とがけんかでもすると、言葉では自分の子供を叱っているが、その叱る声の中に違ったひびきがある。内心では隣りの子供を叱っているからである。隣りの子供とは簡単に「自他不二」になれない。そこに、母親の愛が尊いものではあるけれども、たぶんに本能的で、まだ十分に人格的でないと言われるところがある。その母性愛をゆくところまで純粋化したものが、釈尊のいわゆる「大智」に裏づけられた「大悲」の心である。つまり無我的人格的な「自他不二」の「覚」体験から「慈悲」の心が出てくるのである。そこが、盲目的に、本能的に愛するというのと違う。この「覚」が仏法の本質、禅の真髄である。

母性愛にかぎらず、恋愛においてもわれわれは相手と一つになること（不二の法門）を学ぶことができる。ふだんは他人が口をつけたものはけっして食べないようなどんなに潔癖な男でも、恋人のかじりかけのきゅうりだったら、生のきゅうりをそのまま平気で食べてしまう。恋人同士なら、かんたんに「自他一如」になる。が、他の人とはけっしてそうはいかない。そこを、盤珪は「利衰毀誉、尊卑老稚において、その音異ならず、和平にして戻らず。けだし凡識を脱離す」るというのである。こうした人格の根こそぎの転換にまで及んだところの、「無我」の人格、「無心」の境涯に、わが盤珪は、どのようにして到り得たのであろうか。

次に、かれの「覚」体験——その生《なま》のままの禅の経験談を、盤珪自身の言葉の筆録によって見ていこう。世に『盤珪かな法語』といわれるものがそれである。

水の底は地面だ

身どもが親はもと四国浪人でござって、しかも儒者でござったが、この所に住居《すまい》いたして、身どもをうみましたが、父には幼少ではなれまして、母が養育でそだちましたが、あんぱく（腕白）ものにて、そこら内のすべての子供をして、わるいことしてござったと、母が話しました。されども二、三歳の時よりも、死ぬるということが嫌いでござったと申されたが、それゆえ泣けば、人の死んだ時のまねをして見するか、人の死んだことをいうて聞かすればなきやみ、わるきことをもしやみましたと申す。（盤珪仏智弘済禅師御示聞書　上二二〔以下、「御示聞書」と略記〕）

盤珪の父は四国の浪人で、儒者であった。幼少の時に父を失って、母の手一つで育ったが、たいへんな腕白《わんぱく》者であった。そこらじゅうの子供を集めて餓鬼大将になって、悪いことをして廻ったという。

五月五日の端午《たんご》の節句には、子供たちが源平二手に分かれて川の両岸に陣をかまえて、雨のように石つぶてを投げて勝負を争うという風習があった。ところが少年盤珪が一方に陣どると、たいてい、向う敵が持ち場をすてて避けてしまった。というのは、盤珪少年が勝たなければ断じて退かなかったからである。まことに勇猛果敢な負けじ魂であった。

盤珪は小学に入って、大覚寺に書の稽古に通わせられた。ところが、書道の稽古なんかおもしろくないというので、まるでやる気がない。いつも途中で逃げ帰ってくるので、長兄の正体が何度もいさめたがきかない。それで揖保川の渡し守りに、弟が逃げて帰ってきても川を渡さないでくれと頼んだ。すると、少年盤珪いわく、「水の底には地面がある」と、ただちに水底をくぐって、あえぎあえぎ対岸にはい上った。そして、「自分は書道なんて習いたくない。ところが家に帰れば兄貴が、何で帰ってきたか、どうして稽古しない、といってこる。いっそのこと死んだほうがましだ」と思い、毒グモを口いっぱいに食べて、お堂の中にひそんでじっと死ぬのを待っていたというのだから、これはたいへんな腕白である。

それでも幼い時から、宗教的には鋭敏な心情の持ち主でもあった。二つ三つの頃から、死ぬということをたいへんこわがったという。そこで、盤珪が泣けば、死んだ人のまねをしてみせるか、人の死んだことを話すと、すぐにぴたりと泣きやんで、悪いことをするのもやめたと、後年母親が話したという。

「明徳」を疑う

ようよう成人いたして、幼年の頃ここもとには儒がいこうはやりまして、身共も師匠どりをして、母が『大学』の素読《そどく》をならわせ、『大学』を読ますると き、「大学の道は明徳を明らかにするにあり」という所にいたり、この「明徳」がすみませいで、疑わしくござって、久しくこの「明徳」を疑いまして、あるとき儒者衆に問いましたは、この「明徳」というものは、いかようなものぞ、どのようなが「明徳」ぞというて、問いましてござれば、どの儒者もしりませいで、ある儒者のいいまするは、「そのようなむつかしきことは、よく禅僧が知っておるものじゃほどに、禅僧へ行きてお問《と》やれ。われらはわが家の書で、日夜朝暮、口では文字の道理を説いてよくいえども、実にわれらは「明徳」というものは、どのようなが「明徳」というものやら、知りませぬ」といいまして、埒《らち》が明《あ》きませなんだゆえに、さらばと存じたれども、ここもとに禅宗はその比《ころ》ござらずして、聞こうようもなくて、そのとき存じたるは、どうがにして、この「明徳」の埒を明けて、年寄りました母にも知らせまして、死なせたいことかなと存じて、いろいろとあがき廻りて、「明徳」の埒が明こうかと思いまして、ここの談儀、かしこの講釈、あるいはどこに説法があると聞けば、そのまま走り行きて聞きまして、尊いことを戻りて、母にいうて聞かせ聞かせすれども、かの「明徳」は埒が明きませぬによって、それから思いよって、さる禅宗の和尚へ参じて「明徳」のことを問いましたれば、「「明徳」がしりたくば坐禅をせよ、「明徳」がしるるほどに」と仰られましたによって、それからして、直《じき》に坐禅にとりかかりまして、あそこな山へ入っては七日も物をもたべず、ここな岩おへ入っては、直《じき》にとがった岩の上にきる物を引きまくって、直に座をくむが最後、命をうしなうことをもかえり見ず、じねんとこけて落つるまで、座をたたずに、食物はたれが持って来てくりょうようもござらねば、幾日も幾日も、食せざることが、まま多くござった。それよりして古郷へ帰りまして、庵室をむすびまして、安居《あんご》して、あるいは臥さずに、念仏三昧にしていましたこともござって、いろいろとあがき廻って見ましても、かの「明徳」はそれでも、埒が明ませなんだ。（御示聞書　上二二）

だんだん成人して、郷里ではそのころ儒教（孔子・孟子の道）が盛んで、母の命で『大学』の素読を習った。ところが、その中に、「大学の道は明徳を明らかにするにあり」という一節があった。その「明徳」ということが分らず、「明徳」とはいったい何だと真剣に疑った。儒教の先生にたずねたけれども、「そんなむずかしいことは、よく禅僧が知っているものだから、禅僧の所へ行っててたずねたがよい。自分たちはわが家の学問として、ただ口ではその文字の説明をするけれども、「明徳」というものは、どういうものかというようなことは、ほんとうは知らないのだ」といわれた。

けれどもその頃は近所に禅寺がなかったから、たずねようもなかったが、何とかしてこの「明徳」ということをはっきりさせたい、そしてそれを歳とった母にもきかせて、安心して死なせてやりたいと思ったという。これがおもしろい。この「明徳」を自分が疑うだけでなくて、それをはっきりさせて、歳とった母にもそれを知らせたいという、この願心――それは自己一身だけの救いでなく、一切衆生ぐるみの求道心である。これは盤珪の宗教経験を考えるとき、注目すべきところである。

こうして「明徳」の解決を求めて、あちらで講釈があり、こちらで説法があるというと、走って行って講釈を聞き、その説法を聞いて、帰って、母にそれを聞かせ聞かせしたけれども、どうしても根本の疑問である「明徳」の問題はらちがあかなかった。

盤珪はこのとき、郷里の西方寺の寿欣《じゅきん》上人によって浄業《じょうぎょう》を学んだと言われる。のちに、かれは「庵を結び安居《あんご》して昼夜念仏三昧でいてみたこともござった」という。しかし念仏ではついにらちがあかず、ついで円融寺の快雄法師を師として密乗《みつじょう》を究めた。「数ヵ月川の中に立って修行もいたした」というから、「明徳」を明らめたさに懸命の密教修行をつづけたのである。こうして盤珪が早く密教に親しんだことが、かれの後年の「不生の仏心」の「不生」という語が、真言の「阿字本不生」と無意識のうちにも何らかの関係をもつであろうと言われるゆえんである。しかし密教でもついに道は開けなかった。

そこである時、ある禅宗の僧をたずねて「明徳」のことをたずねると、「「明徳」が知りたければ、坐禅をせよ。坐禅をすれば「明徳」がわかる」と、教えてくれたので、それからただちに坐禅にとりかかり、あそこの山へ行っては七日も物を食べず、この岩屋へ入っては尖《とが》った岩の上に着ていた着物をひきまくって坐禅を組み、組んだが最後、命を失うこともかえりみずに、自然にころげて落ちるまで座を立たずに坐禅をした。食物など誰も持って来てはくれないから、幾日も食べないことが多かった。

「明徳が知りたい」――この燃えるような求道心が内にあって、坐禅をすればそれがわかるといわれたら真向《まっこう》正直に坐禅をする。「あそこな山へ入っては七日も物をもたべず、ここな岩おへ入っては、直《じき》にとがった岩の上にきる物を引きまくって」坐禅をする。こうして幾日も幾日も横にならないで、いろいろとあがき廻ったけれども「明徳」ははっきりしなかった。

出家、諸国行脚

そのうちに赤穂の随鷗寺の雲甫《うんぽ》和尚という方が立派な方だというので、その方に弟子入りをして、かねての願いである「明徳」を明らめようとした。和尚はその真心を憐んで得度《とくど》を許し、「永琢《ようたく》」という法名を授けられた。永く心の珠を磨いて、その知恵の光によって、遠近の衆生を照らせよ、との願いをこめて、その出家を祝われたのである。雲甫和尚の家風ははげしいことで有名であった。盤珪はここで一所懸命に朝参暮請した。しかし、いくら入室してみても、坐禅してみても、「明徳」は明らかにはならなかった。かれはまた泣く泣く他に機縁を求めて行脚《あんぎゃ》の旅に出た。

われ発心の始め、善き師友を得ざるゆえ、種々の苦行を致し、身の油をしぼり、あるいは人煙を断絶して閉居し、あるいは紙帳をつくり、その内に打坐《たざ》し、あるいは窓障子をたてて、暗室に打坐し、脇《わき》席につけず、結跏趺坐《けっかふざ》して、両股ただれうみ、その跡のちまであり。また某国某所に善知識ありと聞いては、ただちに往《ゆ》いて相見《しょうけん》す。数年のあいだかくのごとくす。およそ日本の内、足跡の到らざる所は少なし。これみな明師に逢わざるゆえなり。（仏智弘済禅師法語　五九〔以下、「法語」と略記〕）

参禅でもっとも大事なことは師を選ぶということである。しかしよい師はなかなか得ることができない。たとえ立派な師に逢うことができても、因縁が熟さなければ悟りはひらけない。師もえられず友もなく、盤珪は一人で苦しんだ。身の油をしぼって、人里はなれた所に閉居して坐禅を組み、あるいは暗室に打坐して、「脇席につけず」というから、寝ないで修行した。そのころあまりに結跏趺坐《けっかふざ》をつづけたので、両方の股がただれてうんで、その跡が年をとってのちまで残ったと、後年にかれ自身が述懐したほどの猛修行であった。あそこの国に立派な名僧がおられるというと、すぐにそこへ行って参禅する。またあちらに善知識がおられるときくと、そこへ行って入室する。こうして数年間、およそ日本の国の中、行かなかった所は少ない、とも言っている。

修行中の逸話を一つ。山城の松の尾へ行って拝殿に坐して、夜も昼もつづけて坐禅をし、七日間の断食をした。初めは神官がとがめ疑ったけれども、のちにはたいへん殊勝なお坊さんだといって、粥など煮てふるまったという。こうして、人知れぬ苦しいはげしい弁道がつづいた。ただひたすら「明徳」の二字を疑って、身命をかえりみずに修行を続けたのである。それでも「明徳」は明らかにできなかった。

「不生」で一切がととのう

二十四の年、随鷗寺に帰って、師匠の雲甫和尚を見舞った。すると、和尚が、「おまえ、あちこちと行脚して廻って、諸方の禅はどうだった」と聞かれた。このとき、盤珪は涙をポロポロ流して、「これまで諸方の禅師方の門をたたいて、一心に修行して参りましたけれども、一つとして私の心にかなう教えは得られませんでした。どうか老師、お慈悲をもって何とかわたくしの為に方便を講じておみちびきください」というと、和尚は「それはおまえが外に道を求めたからだ。向うに目当てを立てて、外に向って求めようとすれば、道はすぐにそむいてしまう。わたくしはおまえのために、とうに根元を掲げ開いてしまっておるのに」とおっしゃった。

真理というものは、主体的なものである。その主体的な道を、客観的に向うへ目当てをおいて対象的につかもうとするから、すぐに主体的な道とたがうという結果になる。自分自身、「求めているものがすなわち求められているものである」ことに気がつかなければ、どうにもしようがない、というのだ。そういわれて盤珪は、一草庵に入って門を閉じて、日夜回光返照《えこうへんしょう》（自己にとって返すこと）の坐禅にうちこんだ。この打坐の猛烈なことは、敷いていた座ぶとんに穴があくほどであったという。これ一に心に一大事因縁のやむべからざるもののあるがためである。この関門を打破せねば、たとえ僧形はしていても断じて仏の種族ではない。そうしたつきつめた、せっぱつまった気持であった。それでもやはり修行は成就しなかった。

とうとう病気になってしまって、食もすすまず、身も心も日をおって憔悴し、ほとんど死にひんするという状態になった。もう医者の手も及ばない、気息えんえんとして、いまにも命が絶えるというところまできた。そのとき、ふっと悟りが開けた。ある朝、縁に出てうがいをするに当って、微風が梅の花の香りをほのかに送ってきたのが縁になって、豁然《かつねん》として多年の疑団が氷解した。これ以後、かれはもう「明徳」については何事も語ろうとしない。

おりふし咽《のど》がいなげにござって痰を壁にはきかけて見ましたれば、真黒なむくろじのように固まった痰がころりころりとこけて落ちましてから、それより胸のうちがどうやら心よいようになりましたところに、ひょっと、一切の事は不生で調《とと》のうものを、今日までえ知らいで、さてさてむだ骨を折ったことかなと思いつきまして、やっと前よりの非を知ってござるわいの。（法語　網干上巻）

師二十六歳の時、播州赤穂野中村にて庵居《あんご》す。只管打坐、昼夜不臥、ただ大法明《あきら》めざるを念として、已に悶絶に及ぶ。一朝梅香を嗅いで、豁然として発明し、碍膺《げよう》の物、瓦氷解消す。（再住妙心開山特賜仏智弘済禅師行業略記　四〔以下、「行業略記」と略記〕）

少年時代からの「明徳」の二字への疑いが、ここまで盤珪を引っぱってきたのである。

盤珪の禅経験

盤珪はいう。

あまりに身命《しんみょう》をおしみませず、五体《たい》をこっかにくだきましたほどに、いいしき（臀・居敷）が破れまして、坐するにいこう難儀いたしたが、その頃は上根《じょうこん》にござって、一日も横寝などは致さなんだ。しかれども、いいしきが破れていたむゆえ、小杉原《こすぎわら》を一帖ずつ取りかえて敷いて坐しました。そのごとくにして坐しまさねば、なかなかいいしきより血が出いたみまして、坐しにくうござって、綿などをしくこともござったわいの。それほどにござれども、一日一夜もついに脇を席につけませなんだわいの。その数年のつかれが、のちに一度に発《おこ》りて、大病者になりまして、かの「明徳」はすみませず、ひさしゅう「明徳」にかかって、骨をおりましたわいの。

それから病気がだんだん次第におもって、身が弱りまして、のちには痰をはきますれば、おやゆびのかしらほどなる血の痰がかたまって、ころりころりとまん丸になって出ましたが、あるとき痰を壁にはきかけて見ましたれば、ころりころりとこけて落つるほどに、ござったわいの。このとき庵居《あんご》で養生せよとみな申すによって、庵居しまして、僕《しもべ》一人つこうて煩いおりましたが、さんざん病気がしつまりて、ひっしりと七日ほども、食物が留り、おもゆより外《ほか》は通りませいで、それゆえもはや死ぬる覚悟をして、思いましたは、はれやれ是非もなきことじゃが、別して残り多きことも外にはなけれども、ただ平生の願望が成就せずして、死ぬることかなとばかり思いおりました。おりふしにひょっと、一切事は、不生でととのうものを、今までえ知らいで、さてさてむだ骨を折ったことかなと思いいたで、ようようと従前の非を知ってござるわいの。

またそれから、気色がはっきりとして、よろこばしゅうなって、食いきげんができ、僕をよびまして、粥をくらうほどにこしらえよと申したれば、今まで死にかかっていた人の、不思議なことをいわるると、僕もおもいながら、悦びまして、そのままいそぎふためいて、粥をこしらえ、少しなりともはやく食わしょうとおもい、まず粥をくわせましたが、まだろくにも煮えませぬ、ぼちつく粥をくわせましたが、かまわず二三椀たべてござれども、あたりも致さず。それよりだんだん快気いたし、今日まで存命《ながらえ》いまする ことでござるわいの。(御示聞書　上二二)

ここらあたりは『盤珪語録』中の圧巻の一つである。邦文の宗教文学書中でも出色の一節であろう。へたな現代語訳などより、原文のままで再読三読したい。

「あまりに命を惜しまずに五体をこっかに砕いて」坐禅したので、しまいには「居敷(尻)がやぶれた」というから、痔《じ》を痛めたのだろう。血が出て座布が真赤になるほどになったけれども、「その頃は上根にござって」一日一夜も横になってねるということをしなかった。痔が痛んで座布が血まみれになるものだから、そこに柔らかな紙を敷いたり、あるいは綿などを敷いたりして、一日一夜も脇を席につけず、「明徳とは何ぞ、明徳とは何ぞ」と参究したけれども、それほどまでに骨を折ってもらちがあかなかった。

それからだんだん病気が重くなって、体が弱ってしまって、結核にでもかかったのだろうか、痰をはくと、親指のかしらほどの血痰がころころとまんまるになって出た。あるときその痰を壁に向ってはきかけたところが、ころりころりところげて落ちるほどの固い血痰が出た。そんなことではたいへんだから、庵を結んで体を養生せよというので、下男を一人使って病気養生をしたけれども、とうとう病気が重くなって、七日間も食がとまり、重湯のほかは何ものどを通らない。いよいよ死を覚悟して、「これで自分もいよいよ死ぬのか、是非もないことだが、別してくやむほどのことはないけれども、少年時代から「明徳とは何ぞや」というこの問題を、いのちがけで工夫してきたのに、それがらちがあかないで、死ぬことだけが心残りだ」と思っていた。そのとき、ひょっと、「一切の事は「不生」でととのう」ということを悟って、それをよう知らずに、「なんとまあ、ながいこと、むだ骨を折ったことか」と、やっと悟りが開けて、従前の非を知った。

するると、とたんに気色がしゃんとなって、たいへんうれしくなって、ご飯が食べたくなった。そこで下男を呼んで、「飯を食うからお粥をこしらえよ」というと、「今まで死にかかっていた人が不思議なことを言われる」と思いながら、喜んでお粥をつくってくれたけれども、少しでも早く食べさせようと思って、まだ半煮えのぼちつく粥を食わせた。それをかまわず三椀もおかわりしたけれども、体にすこしもさわらなかった。ついに大願成就して永年の「明徳」が氷解し、悟りが開けて安心立命《あんじんりつみょう》ができたものだから、そのときから体もだんだん快復して今日まで長生している。

これが盤珪の悟経験である。一切事は「不生」でととのう、それでもうちゃんと解決だついている。「不生」というのは、「諸法空相、不生不滅」と『般若心経』でしょっちゅう読んでいる。生せず滅せず、あの「不生」である。盤珪はいう、「一切事は不生でととのうものを……。いままではただこれだけのことをよう知らずに、さてさてむだ骨を折ったことかなと思って、やっと従前の非を知ってござるわいの。」

宗祖臨済禅師もその悟りの直後に、「師匠黄檗《おうばく》の仏法なんて造作もないことだった」といった。真理というものは体得してみれば、ごくあたりまえの、簡単な端的自明のことにすぎない。臨済はこれを「無位の真人《しんにん》」という、盤珪はこれを「不生の仏心」と表現する。

知った人がなかった

終《つい》には願成就いたして、母にもよくわきまえさせ、死なせましたわいの。それより以来、天下に身どもが三寸の舌頭にかかるものがござらなんだわいの。そのまえ身どもがあがき廻った時分に知った人がござって、いうて聞せたらば、むだ骨をおりますまいが、しった人がなかって、いうて聞せてくれてがなさに、ひさしゅう骨を折って、身命をこつかにくだきましたゆえに、今にいたるまで病者にござって、思うように皆の衆へ十ぶんに出てえ逢ませぬわいの。(御示聞書　上二三)

ついに大願成就して、母にもこの尊い法をよくわきまえさせ、あの世へ送った。それ以来、天下の禅僧一人としてこの盤珪の舌の先にかかるものがなかった。そのまえ自分が長い間あちらこちらとあがきまわって道を求めた時に、目の開いた人がいて、こういう尊い法を言って聞かしてくれたなら、自分もあれほどにむだぼねをおらずにすんだのに、知った人がなく、言って聞かせてくれ手がなかったために、長い間苦労をしたことだ。あのころの苦労がたたって、今になっても病身で、思うように皆さんと十分に出て逢えないでいる、と盤珪はいうのである。

日を経て痾《やまい》の間あるに随って、随鷗に往いて所証を甫和尚に呈す。和尚大いに歓んでいわく、「汝徹せり、大いに達磨の骨髄を得たり。他後、天下の人、汝を奈何《いかん》ともすることなし」と。すなわち命じて諸方を勘検せしむ。時に、師、歳二十七。慶安元年（一六四八）戊子の年なり。（大法正眼国師盤珪琢大和尚行業曲記〔以下、「行業曲記」と略記〕）

そこで盤珪は、師匠の雲甫和尚の所へ行って、自分の体験を報告すると、和尚は「おまえは悟った、達磨の骨髄を得た。これからのち天下の人はもうおまえをどうすることもできまい」と、証明してくれた。その時、盤珪は、二十七歳であったといわれる。これからかれは師匠の命でふたたび行脚の旅に出る。諸方の禅をしらべて、自己の体験の証拠に立ってくれる善知識を求め、さらにみずからの悟境の練磨を計らんためである。悟りを得た者の心は、恋する者の思いに似ている。わが胸ひとつに包もうとして包みかねて、ついには泉のごとく外にあふれ出るのである。老禅匠雲甫和尚はよくこれを知っていた。かわいい弟子の大成のために、進んで自分の膝下から放つのである。

証明を求めて

さて不生で一切事がととのうということをわきまえましたれば、それが人に話してみとうござって、誰におうてこれを話そうと存じておりまする時分、師匠のおもしゃるのは、「美濃に愚堂和尚という人があるが、能《よ》き人じゃという。これが証拠にも立たれんほどに、愚堂へ行って話してみたらばよかろう」といわれました。それから愚堂のお目にかかりて、話そうと存じて尋ねて参りてござれば、おりふし江戸へござって、お留守ゆえお話も申さず。

せっかくこれまで来て、どなたにも話さずに、ただむだだと帰ろうよりはと存じ、そのあたりの和尚方をたずねて、お目にかかりて申しまするは、「それがしは播州の禅門でござりまするが、和尚のお示しが受けたさに、これまで参ってござりまする」といいましたれば、すなわち和尚の示しがござったによって、「身《み》どももまた推参ながら、お話を申し上げまする。近頃慮外にてござれども、それはおん赦《ゆる》されませい。皆様のお示しを受けてかたじけのう存じて、受けませぬではござらねども、何とやらん履《くつ》を隔てて痒《かゆき》をかくように存ぜられ、直《じき》にさし付けてかくようにござらいで、此方《こなた》の骨髄に徹しこたえませぬ」と申したれば、さすが和尚ほどござって、おもしゃるようは、「いかにもそうあるはずじゃ。われらが人に示すといえども、経録の語を覚えていて、古徳の示しにしたがって、示しのとおりにわれらもまた人に示すぶんで、はずかしけれども、実に悟って示すにてはなし。実に悟らねばわれらが示すことは、履を隔ててかゆき所をかくがごとく、徹せぬといわるるは尤《もっとも》じゃ。そなたはわれをばよく見つく、ただ人ではあるまいとおもしゃったぶんで、証拠に立ってもらうほどのことにも及ばずして、それより故郷へ帰りて、安居《あんご》閉関をして、時の人の機を観じ、化度《けど》の手立《てだて》をはかっています る内に、唐より道者の渡らせて長崎へおじゃるということをうけたまわり、師匠の仰せによって、道者へ参りて、ようようと生死を超えたというばかりの、証拠に立ってもろうたぶんで、その時分たしかに証拠に立ってくれてが、まれにござって難儀しましたわいの。（御示聞書　上二三）

悟りが開けると、「不生で一切事がととのう」という、この自分の悟りを誰かに話して、それが伝統の「正伝の仏法」と違わないかどうかということを証明してもらいたくて、誰にあって話したらよかろうかと思っていたとき、師匠のいわれるには、「美濃国に愚堂和尚という方がいらっしゃる。この方は当代きっての立派な禅匠だから、きっとおまえの体験の証拠《ぐ》にも立ってくださるであろう。行って相見してみたがよかろう」ということであった。愚堂東寔《どうとうしょく》（一五七七―一六六一）という人は、日本臨済禅中興の祖といわれる白隠禅師（一六八五―一七六八）の師匠正受老人《しょうじゅ》道鏡慧端（一六四二―一七二一）の法祖父にあたる禅匠で、妙心開山関山国師（一二七七―一三六〇）の三百年の遠忌《おんき》を迎えるに当って、「二十四流日本の禅、惜しいかな大半その伝を失う。関山幸いに児孫の在るあり、続焰聯芳三百年」という有名な香語を作った一代の禅傑であった。

盤珪は師匠に言われて美濃国に愚堂を訪ねて相見しようとしたが、折ふし愚堂は江戸に出ていて留守であった。盤珪がここで愚堂に出会っていたら、どういうことになったであろうか。この時ついに行き違いで二人はあえなかった。縁というものは不思議なもので、なんともいたしかたがない。それだけに残念な事件であった。これは日本の禅宗史の上から、まことに興味のある、それだけに残念な事件であった。愚堂は盤珪より四十三歳の年長だから、盤珪二十七歳として愚堂はこのとき七十歳であったはずだ。しかし正三道人は道友愚堂を特に重視してはいないから、これでよかったのかもしれない。

「せっかくここまできて、どなたにも話さずに、ただむだだと帰ろうよりは」と思って、そのあたりの禅匠たちをたずねて、お目にかかって話をしてみたけれども、いずれもその説法は「履《くつ》を隔ててかゆきをかく」ように感じられて、ひとつも盤珪の心にひびいてこなかった。若い盤珪は率直に禅匠たちにその所見をのべる。「推参ながらわたくしにも言いたいことがある。修行者の分際《ぶんざい》でこういうことをいうのは、たいへん慮外ではあるけれども、お許しいただきたい。あなた方の説法を聞いて、たいへんかたじけないと存じ、それを自分が受け取らないというのではないが、どうも履の上から痒《かゆき》をかくようで、直接にかゆい所をかくような気がしない。まるきりあなた方の説法はこっちの骨髄にこたえてこない」と。

その老師方のおっしゃるには、「そのはずじゃ、あなたのいう通りである。自分たちはお経とか語録とかいうものを覚えておって、古人のお示しのとおりに口まねをして説法するだけであって、恥かしいけれども、自分がほんとうに悟ってわが胸襟より流出して説法するのではないのだから、くつを隔ててかゆきをかくように、徹底しないというのはもっともなことである。われわれの境涯をそこまで見ぬくとは、あなたはさだめしただ者ではあるまい」と。これでは盤珪の悟りを点検して、証明に立ってもらうどころの話ではなかった。

　そこで仕方がないから盤珪はまた故郷へ帰って門を閉じて安居《あんご》して、どうやったら時の人にはっきりと自分の悟ったところを伝えることができようか、ということを工夫しておった。これでは無師独悟の自分免許であるが、その時分本師の雲甫和尚以外だれ一人として盤珪の悟りの証拠に立ってくれる人がいなかったというのだから仕方がない。あるいはまた、すでに本師の証明があるのに何で他に印可を求めるのかという疑問もあるかもしれないが、古人はこのごろのように、受業師《じゅぎょうし》について修行して印可をもらって嗣法するという親子漫才のようなことは、断じてしなかったのである。

道者の印可を得る

　その内に道者超元（一六五一年来朝、滞日八年で帰国）という方が中国、そのころの明《みん》の国から渡来して長崎の崇福寺におられるということをきいた。師匠の雲甫和尚からも、「おまえ、このごろ唐から長崎にこられた道者禅師のところへいって相見《しょうけん》してみたらどうか」といいわれたので、道者にお目にかかって、やっと「この男はたしかに生死を超えている」という証明をいただいた。こうしてはるばる中国から渡来された道者禅師が、はじめて「少しばかり証拠に立ってくれられた」だけで、当時ほかの人はだれも盤珪の悟りを証明してくれなくて、たいへん難儀をしたと、盤珪は後年くり返し語っている。時に慶安四年、盤珪三十歳の秋であった。唐僧に相見にゆくというので、師匠の命でこのときはじめて盤珪は本《ほん》の法衣《ころも》をきて行った。それまではなりふりかまわず、着る物など十徳《じっとく》ですましていたという。

両者の出会いを『行業曲記』は次のように伝えている。崇福寺で盤珪を引見した道者は、一目見て盤珪が仏法の大器であるということを見ぬいて、「おまえは己事《こじ》に撞着した——すでに本来の面目を徹見しておる。しかも、まだ差別智が明らかでない」、すなわち平等の法《ほっ》身辺《しんぺん》は悟ったけれども、ほんとうにそれを日常生活の中で生かす差別の知恵というものが、まだ十分にはっきりしていないと批判した。道者の眼にあるのは平等（掃蕩）と差別（建立）の二段階的見性《けんしょう》（悟り）である。それは盤珪の透徹した直下《じきげ》端的な徹底頓悟から見れば、いかにも紋切り型の、最大公約数的な評言である。日本語と中国語という言語の障壁もあったに違いないが、盤珪ほどの大魚をすくう網としては何としてもこれはお粗末すぎる（筆者のいわゆる「二段階的見性」については、小著『鈴木大拙の言葉と思想』講談社現代新書参照）。

盤珪は当然この批評の後半を肯《うけが》わなかったが、しばらく道者といっしょに生活して、その日常いかんを見ると、修行者を指導する仕方のまことに応用自在であることがわかり、道者和尚は本物だと敬服して、このちしばらくのあいだは道者のもとに留っていた。

のちには道者の方でもまた盤珪を再評価したと思われる。道者が「琢禅人大事了畢《だいじりょうひつ》せり。明窓下に安排着せよ」（行業曲記）と言ったという伝えがあるし、鎌倉以後は中国僧の渡来が久しく絶えていたこととて、隠元の渡来に先立つこと三年、道者の来朝を迎えて、天下の雲衲《うんのう》きびすを接して会下《えか》に集まる、という状況であったから、この道者の盤珪に対する評語が、大いに当時の禅界を驚かせた（前掲書に「一衆驚駭す」とある）ことは察するに余りある。あるとき大衆が明日の降誕会《ごうたんえ》の花祭りの準備をしていた。そこへ道者がきて「あしたの降誕仏はどこから来るか」と問うたが、だれ一人として答えられなかった。道者はそこで「琢禅人はいないのか」という。その時たまたま盤珪が外から帰ってきた。道者が前話を挙すと、盤珪はすっくと立って、一指は天を指し一指は地を指して、みずから唯我独尊の誕生仏となって見せた。道者はこれを肯っていった。「作家《さっけ》（やりての禅者）の商量はかくあるべきである。よく眼をつけて見るがよい」と。こののち道者は一偈を賜《おく》って、密かに盤珪に告げて辞し去らしめたという。偈に云く、「玉鶏の殼を琢破して、鳳凰《ほうおう》堕出し来る。天人上瑞を観《み》て、心眼自然に開く。」（行業曲記）

のちに、平戸の城主松浦鎮信公（のちに盤珪の帰依者となった）が道者に問うた。「和尚の会下《えか》に集った多数の雲衲の中で、真に禅要を了した者はだれか」と。そのとき道者は言下に、「琢禅人一人だけだ」と答えたという。道者と盤珪の間にはっきり相許すもののあったことは確かである。

話が前後したが、道者の道場の清規《しんぎ》（日常規則）は中国の明代の叢林《そうりん》（禅院）のやり方によっており、のちの日本黄檗宗《おうばくしゅう》のように、鎌倉時代からの日本の伝統的な方法とは違ったお経のよみ方をしたり、異なった生活の作法があったりで、万事当時の中国音のままで日常の生活を行なっていたものらしい。ところが盤珪ひとり日本式で通してそれに従わない。それを見て道者があるとき文句をいった。「おまえはわしの所へきて、どうしてわしの流儀に従って中国流にやらないのだ」と。すると盤珪は、「自分は一大事因縁のやむべからざるものがあるために、あなたの所へきておるのだから、何も禅堂の生活の仕方まで中国人のまねをしなければならないことはない。日本には日本の伝来の清規がある」と答えた。道者も二度とこのことを言わなかったという。

これはたいへん重要なことだが、盤珪はけっして道者一辺倒になっていない。道者の会下にいてかれに一応は敬服しながらも、けっして道者をわが法統の師と仰いではいない。後代の法系図に盤珪を道者の法嗣《はっす》としたものがあるが、これは明らかに誤りである。

盤珪は後年こう語っている。

その時分の知識の中では、まだも道者がかくのごとく少しばかり証拠に立ってくれられましたが、いま仔細にむかしを思いますれば、道者も今日十分にはござらぬ。道者もし幸ありて、今までも生きておられましたならば、よき人にしてやりましょうものを、はやばや死なれまして、ふしあわせでござる、ざんねんでござるわいの。(御示聞書上二一)

今から考えてみると、道者の禅というものも、十分ではなかったと思われる。今まで生きておられたら、わしが逆に教え導びいて、立派な禅僧にしてやるものを、早く死んでしまわれて不幸であった、残念である、というのである。まことに徹底した自信というほかはない。けれどもこの自信はけっして、いったんの見性《けんしょう》（悟り）という、一朝一夕の経験だけによるものではない。長年にわたる聖胎長養《しょうたいちょうよう》（悟後の修行）のたまものであった。盤珪みずからいう。

またある時曰わく、「身ども二十六歳の時、播州赤穂野中村にて庵居の時、発明せし道理、また道者に相見し証明を得し時と今日と、その道理においては、初・中・後一毫ばかりも差《たが》うことなし。しかれども法眼円明にて、大法に通達し、大自在を得たることは、道者に逢いし時と今日とは天地懸隔なり。汝らかくのごときことのあることを信用して、法眼成就の日を期すべし」。問うて云わく、「法眼円明は時節あって成就するや。」答えて曰わく、「時節あるにあらず。ただ道眼明白にして、一点のかけめなき時、成就するなり。余念なく一片長養の功にて成就するなり。」（法語　六〇）

隠元は不生の人でない

盤珪が道者のもとにいた時、かれもその談合に加わって、明から隠元（名は隆琦、一五九二―一六七三）を拝請《はいしょう》しようという企《くわだ》てがあった。幸いにこのことは実現して、隠元が中国から渡来した。これがのちの日本黄檗宗の開山である。ところが盤珪は長崎に迎えに出て、隠元が船から陸に上った時に、すぐに、「隠元は、不生の人ではない」と見ぬいたという。この人はほんとうの禅の悟りを開いた人ではない、という見きわめをつけたので、自分は始終一度も隠元にはつかなかった、と言っている。こと悟りとなると、盤珪はまことにきびしい。

かれはまたこんな意味のことを言っている。

近代中国から渡りました禅宗の本など見ますに、もう真の禅というものは久しく世に絶えてしまって、近代は中国にも不生の人は見えませせぬ。（御示聞書　下二一）

さすがの隠元も盤珪の目から見ては落第であった。しかし道者の方は盤珪も肯《うけが》った。ともかく自分の体験の証明に立ってくれたのは当時師の雲甫のほかは道者だけだったから、師と仰いだわけではなかったが、すぐれた禅僧だというので、いろいろ先輩道友とも相談をして、道者を何とかして日本にひきとめておこうとはかった。明暦元年、盤珪は再度海を渡って崇福寺に道者を訪ね、そのあと平戸から加賀へと、一、二ヵ月のあいだ千里を遠しとせずに東西に奔走したが、この試みはついに成功せず、また隠元と道者の間もうまくゆかなくなって（隠元は承応三年七月長崎に来航、翌明暦元年崇福寺に入った）、とうとう道者は数年後に中国に帰ってしまった。

牧翁師兄に嗣法する

三十二の年、盤珪は東濃日立の山中に庵を結んで、庵の名を「玉竜」といった。それは播州随鷗寺の本師雲甫和尚の隠棲の所の名である。伝記作者はいう。「けだし老爺の宿る所を慕い、証悟の本を忘れざるなり」（行業曲記）と。その年承応二年は、寒気が常より殊のほかきびしかった。そこで盤珪は「うちの師匠ももうお年だ。この寒さではさだめし難渋されているであろう」と思って、急いで随鷗寺に帰ってみると、はたして雲甫和尚はその前の晩になくなっておられた。そこで盤珪はお墓の前で喪に服した。

雲甫和尚は臨終のとき法嗣《はっす》の、盤珪からいえば師兄《すひん》（兄弟子）にあたる牧翁《ぼくおう》和尚に、「将来わが日本の臨済宗を支えて立つ者は永琢である。どうかおまえは兄弟子として、わしに代ってあれを仕上げてやってくれ」と、くれぐれもたのんだという。

こうして雲甫和尚の遷化後、盤珪はしばらく牧翁和尚の住持した備前岡山の三友寺に錫《しゃく》を留めた。前述のごとく盤珪が、ふたたび九州に渡って道者をたずねたのは岡山を去ってのちである。

万治二年の春、盤珪は三十八歳の時に、妙心本山の前板職に転じて、始めて道号を「盤珪」と名のった。そのとき牧翁和尚からお祝いに伝来の法衣を贈られた。この年、丸亀城主京極高豊が、その兼領であった盤珪の郷里の浜田村の土地を寄贈し、それに小学の友佐々木道弥が一切の費用を喜捨して、盤珪のために天徳山竜門寺を建立した。

佐々木氏灘屋道弥は、少年時代に大覚寺で一緒に手習いをした学友である。その頃、子供心に互いに手をにぎって、「君は坊さんになったら、どうか道を成就して立派な名僧になってくれ。僕は金をもうけて君のために布施をしよう」と誓い合った仲であったという。こうして竜門寺はできた。盤珪が接化《せっけ》した一千六百余衆の房舎・斎食は、ことごとくみな灘屋の願心から出たと、伝記家はいう（われわれはここで鈴木大拙と安宅弥吉の同じような話を思い起す）。

先にのべた松浦鎮信公と親しかった伊予の城主加藤泰興公がのちに大洲に建立した如法寺とこの竜門寺とが、まさしく盤珪一代の教化の中心となったのである。

話は前にもどるが、竜門寺の開堂式に臨んだ盤珪は、いよいよ禅の師家《しけ》として立つわけだから、自分がどういう法系の誰の法を嗣いだか、ということを天下に明かにする嗣法の香をたかなければならない。盤珪はこのとき、道者に嗣法せず、兄弟子である牧翁和尚に嗣法の香をたいて、今はなき雲甫先師の法恩に報いたのである。

なお、寛文十二年、五十一歳の時、勅を奉じて妙心寺に住職したときの香語をしるしておこう。これで道者の法嗣でないことは決定的である。盤珪はどこまでも関山慧玄《かんざんえげん》十六世の法孫として立っている。

嗣法

この爛枯柴《ぜっこう》、よく万象の主たり。形山《ぎょうざん》に秘在すること多年、即今劈《つんざ》きて両片となし、炉中に爇向して、一片はもって前住当山雲甫和尚鞠育《きくいく》の恩に酬い、一片はもって再住当山牧翁老漢法乳の恩に報いん。

次に参考までに法系図を掲げておく。

応・燈・関……東漸宗震┬庸山景庸─愚堂東寔─至道無難─道鏡慧端─白隠慧鶴
　　　　　　　　　　└南景宗嶽─雲甫全祥─牧翁祖牛─盤珪永琢

一代の教化

ひとたび師家として法柄をとってよりのちの、一代の教化はすこぶる盛んであった。伝記者によれば、手度の弟子四百余人、その法を嗣いで一寺の住職となって化《け》をあげた者十数人、弟子の礼をとった者、侯伯宰官から士女民隷に至るまで五万余人、それから前記播州網干の竜門寺・伊予大洲の如法寺という大伽藍を創設したほかに、廃を修し壊を補った寺院、諸州に渉って五十余箇所といわれる。

六十九歳のとき、東山天皇から「仏智弘済」という禅師号を賜わり、寂後は、特に桜町天皇から「大法正眼」という国師号を諡《おく》られた。

盤珪の伝記として語るべきことは、まだまだ多い。が、本書はその伝記をのべるのが目的ではないから爾余のことは割愛して、ただちにかれのいわゆる「不生禅」の提唱を聞くことにしたい。

二　盤珪禅の特色

大慧つらをもって老僧に擬うるか

これからいよいよ盤珪の創唱になる「不生禅」の紹介に入るわけであるが、まず初めに盤珪の禅のどこが日本禅の「異流」と目されるのか、ということから見てゆきたい。道元を祖とする日本曹洞宗のことはしばらくおいて、盤珪自身もそれに属した日本臨済宗は、そのほとんどすべてが五祖《ごそ》法演《ほうえん》—圜悟《えんご》克勤《こくごん》—大慧《だいえ》宗杲《そうこう》とつづいた中国宋代の看話禅《かんなぜん》（話頭—公案を看《み》て悟る禅）の流れをくむ公案禅であった。たとえば、白隠は「両掌《りょうて》を打てば声がするが、片手に何の声があるか。その隻手無声《せきしゅむしょう》の音声《おんじょう》を聞いてこい」という。ところが盤珪は、臨済宗でありながら、こうした「公案」を使っての教育をしないで、ただ真向《まっこ》う「不生の仏心」を直指《じきし》する（公案については、小著『公案　実践的禅入門』）。

僧問う、「圜悟《えんご》・大慧などは、学者のために話頭を提撕《ていぜい》させらる。和尚は一向お用いなし。如何。」師曰わく、「圜悟・大慧より已前の宗師も、話頭を提撕させられたるか。」（法語　四五）

ある僧が問うた。「圜悟禅師や大慧禅師（圜悟は有名な『碧巌録』の著者であり、大慧はその高弟で精力的に看話禅を主張した宋代禅の巨匠である）は、悟りへの手段として〃公案〃をお使いになりましたが、老師はいっこうにそういったものをお用いにならないのは、どういうわけですか」と。臨済宗のほかのお師家様方は、みな「公案」を使われるのに、老師だけどうして公案をお用いにならぬのですか、という質問である。

これに対して盤珪はいう。「圜悟とか大慧とかいう宋代の禅匠方は、なるほど公案を使われたろうが、それ以前の唐代の禅師方も、公案というようなものを使われたか。そんなことはけっしてあるまい」と。

次の問答はさらにはげしい。

師因みに僧問うて曰わく、「和尚ただ頓悟《とんご》の開誨《かいかい》ありて、漸修《ぜんしゅう》の説なし。大慧禅師いう、理は頓悟といえども、しかも事《じ》は漸《ようや》く除くと。」師曰く、「大慧つらをもって老僧に凝《なずら》うるか。それ〃一撃に所知を忘じ、更に修治を仮らず〃と、聻《にい》。」（贅語　七一）

ある人が「老師には頓悟のお教えはあるけれども漸修の説がない。はっと悟るということばかりおっしゃって、だんだんと練りあげて悟りを身につけていくということはちっともおっしゃらない。中国の大慧禅師も、「理《り》（一般的理致的法理）は頓に（急に）悟るけれども事《じ》（具体的個的事実）はだんだんに除いていくんだ」と、こうおっしゃっています」というと、盤珪のいわく、「おまえは大慧程度の者をもって、わたしを比較するというのか。唐朝の香厳智閑《きょうげんちかん》禅師の悟りの偈《げ》にも「一撃に所知を忘じ、さらに修治をからず」とあるではないか」と。「大慧つらをもって老僧に擬うるか」とはまことにおそるべき自信である。

公案禅の否定

次の問答のごときは、盤珪の公案批判をもっとも端的直截に示しているものである。

僧問う、「古人の公案など提撕《ていぜい》いたして、学道のためになるべしや。」答えて曰わく、「馬かた、船頭のことまでも知らるるものでない」と。(法語　四八)

この語を漢訳した盤珪の法孫嬾徴《らんちょう》の表現によれば、「馬隷船長の言に到るまで尽く知るべからざるなり」(原漢文) とあり、いま一つの写本によれば、「蛮言夷語、あによく尽くすべけんや」(同上) とある。公案などは「馬方船頭」などの語る言葉のようなわけのわからぬ漢文の暗号密令である。そんな古反古《ふるほご》まで研究しているひまはない。われらにはもっと焦眉《しょうび》の急、人生の一大事があるというのであろう。

僧問うて曰わく、「それがしは久しく百丈野狐《ひゃくじょうやこ》の話を提撕いたし、骨を折りますれども、いまだ会得いたしませぬが、これはただ工夫の純一ならぬゆえかと存じまする。ねがわくは禅師開示したまえ」という。

禅師の曰わく、「身どもが所で、そのような、古ほうぐのせんぎはいたさぬ。そなたはいまだ不生《ふしょう》にして霊明なる仏心じゃということをしらぬほどに、いうて聞かしましょう。それで埒《らち》の明くことじゃほどに、身どもがいうをとっくりと、よくきかしゃれい」とあって、常のごとく不生の示しをしたもうなり。この僧聞きてふかくうけごうて、そののち衆人に超出せりという。（御示聞書　上九）

「百丈野狐」というのは『無門関』の第二則にある有名な公案である。百丈禅師が説法されるたびに、一人の老人がきて修行者たちのうしろで説法を聞いている。雲水たちが退くと、老人もまたどこかへ帰ってしまう。ある晩、思いがけずその老人が帰らなかったので、百丈が「おまえは誰か」とたずねた。

するとその老人が、「わたくしは人間ではありません、野狐であります。大昔わたくしもこの百丈山の住職として人間でありましたが、修行者に「悟った人でも因果の支配を受けますか」と聞かれて、「悟った者は因果になど落ちない」と答えたところが、その誤った答えのために、それから五百ぺんも生れ代り死に代り、野狐の身になっています。どうかわたくしに代ってほんとうの答えをして、この野狐の身から解脱させていただきたい」といって、ただちに自分が修行者の位をとって、「大修行底の人もまた因果に落つるや」とたずねた。

それに対して百丈は言下に「因果は昧《くらま》せない」と答えた。どんなに悟っても、花は紅《くれない》で柳は緑である、人間は人間で狐は狐である。悟ったからといって、ひじは外には曲らない。

この一語で、かの老人前百丈《ぜん》は野狐禅から脱することができたというのである。

そこで公案は、どうして「不落因果」といったら野狐身に堕《お》ちたのか、また「不昧因果」と答えたらなぜ野狐身を脱したのか、と工夫するのである。

この質問の僧も、この公案を長いあいだ工夫して骨折ったけれども、まだ公案が透らない。「これは工夫が純一でないからだと思うので、ご教示をいただきたい」というのである。これに対して盤珪は、「わしの所では、そんな古反古《ふるほご》のせんぎなどしない。おまえはまだ自己の本性は不生にして霊明な仏心じゃということを知らぬからそんなことをきく。不生で一切がらちのあくことじゃから、わしのいうことを、とっくりとよく聞くがよい」と、いつものように「不生の仏心」の教示をした。ここでは盤珪は公案工夫を「古反古のせんぎ」というのだ。

脇かせぎをやめよ

また、かたわらなる僧の問うて曰わく、「しからば古人の古則話頭は役にもたたず、いらぬ物でござりまするか」という。

禅師の曰わく、「古徳の一挨一拶は当機覿面《てきめん》にすなわち問をふさいだ分のことで、別に用事なし。身どもの口からいるものとも、いらぬものとも、役に立つものとも、たたぬ物ともいおうようはおじゃらぬ。人々ただ不生の仏心でおれば、それですむほどに、相すむことにまた脇かせぎをしようようはござらぬわいの。したほどに不生でいるようにしたまえ。ただお手まえは、ひたもの脇かせぎがつよさに、かえってそれに迷わさるるほどに、それをやめて、ただ不生にして霊明なる仏心に相きわまったほどに、不生の仏心でいるようにしたまえ」となり。（御示聞書　上一〇）

前の話をそばで聞いていた僧が、「そんなら公案は役にも立たず要《い》らぬものか」と問うた。すると盤珪は、「公案というものは、古人が相手次第に、その場その場の質問に応じて、応待された言行の跡で、今日別に用事はない。だから自分がいま、要るとも要らぬとも、役に立つとも立たぬとも、何とも言おうようはない。人々《にんにん》みな不生の仏心でおれば、それですむことだから、その本筋のあり方だけでいいことで、そのほかに百丈がどうの野狐がどうのと、いらぬ脇かせぎなどしようようもないことだ。人間の本性は〝不生にして霊明な仏心〟にきわまっているのだから、おまえもそのほかの脇かせぎなどやめて、ただ本来の不生の仏心でいるようにせよ」という。

ここでは公案工夫は本筋を離れた「脇かせぎ」と批判される。

手前の上を究め召され

ある僧問う、「ただ今三種の病人が出で来らん時、禅師は如何か接得したまわん。」師云わく、「你《なんじ》、三種の病人が何ほど貴とければ、詮議して、なりたがるぞ。即今その方は三種病人にあらざるほどに、なりがたい三種病人になりたがろうより、三種病でないその方が、まず指し当った手前の上を究め召され。外《よそ》ごとをいいまわるは、むだごとじゃほどに、身共がいうことをようききゃれ。」（法語補遺　三、『也風流庵本』第一号）

これは『碧巌録』の八十八則にある「玄沙三種病」という公案である。玄沙は示衆していう。――諸方の老師方はみな口を開けば衆生済度衆生済度といわれるが、もし三種の病人がきたら、いったいどう接得されるのか。盲人には払子《ほっす》をたてても見えはせぬし、聾者には師家方せっかくの語言三昧《ごごんざんまい》も聞えないし、そして唖者にはものを言わせようにも口がきけぬ。さあ、どうこの三種の病人を済度するか。もしそれを救い得ないというのなら、仏法には何の霊験《れいげん》もないということになる。以上が公案の筋である。

盤珪の答えはこうだ。「おまえは三種の病人がどれほど貴とければ、そんなことを詮議して病人になりたがるのだ。いま、おまえ自身は病人ではないのだから、健康なものがしいてなりにくい病人などになろうより、三種の病人でないおまえ自身の、まずさしあたっての手前の上を、すなわち自分自身のことを参究せよ。ひっきょうよそごとをいいまわるのはむだごとだから、わしの説法をようく聞け」と。

盤珪のこの語は、公案禅というものが、「手前の上を究め」ることを忘れて、ともすれば「よそごと」になってしまう弊害を見ぬいて余すところがない。白隠が盤珪に少しおくれて出現して、公案禅に起死回生の実を与えるまでは、日本の公案禅の硬化・化石化はこんなものであったろう。幸いに盤珪が出、ひきつづいて白隠が出て、日本における仏心宗の命脈が今日に伝わることができた。白隠自身の公案禅の興隆大成のことはしばらくおき、今日はまた白隠禅の亜流たちの公案病がふたたび盤珪のこのような公案批判を必要としている。

先の「馬方船頭」の所の竜門寺本邦文法語に、鈴木大拙先生によれば次のような書き入れがあるという。「劣孫明行云わく、この語もっとも砒礵《ひそ》・狼毒《ろうどく》。会《え》せずんば、看《み》よ看よ。」

身の上の批判ですむ

日本に今日まで禅の命脈が伝わったのは、盤珪の「不生禅」を受けた白隠の「公案体系」のおかげであるが、今日はまたその公案禅が一つの型に堕してしまって、ふたたび盤珪の上のような批判を必要とする現状にあると、わたしは言った。しかし、それは何も「公案」そのものの罪ではない。公案禅も本来、本筋から離れた「脇かせぎ」ではけっしてなく、まさしく「手前の上を究める」性質のものであった。

試みに先の「玄沙三種病」の公案を見よう。『碧巌』には前に引用した玄沙の示衆につづいていう。玄沙の言葉をもって一僧が雲門にたずねた。雲門はいう。「おまえ、人にものをきくのなら、まず礼拝をせよ。」僧は言われた通りに礼拝して起《た》った。雲門は杖でその僧をついた。僧は退いた。すると雲門はいった。「おまえは盲《めくら》ではないな。」次に「もっと近くにこい」という。僧が近づくと、雲門はいった。「聾《つんぼ》でもないな。」そして「どうだ、わかったか」ときいた。僧は「わかりません」という。そのとき雲門はいった。「おまえは唖《おし》でもないな。」僧ははっとここで気がついた。公案は本来、こうした端的な「手前の上」の究明であったはずである。

果然、盤珪自身もまた特別の弟子たちを相手の秀才教育には、如法寺の奥旨軒や竜門寺の竹林軒などで公案を課している形跡がある。その一つは「雪峰、洞山を辞する――飛猿嶺の話」であったといわれる。それはさておいて、盤珪のいうところは、みな「不生の仏心」という「今日の身の上の批判で相すんで、埒《らち》のあくこと」なのに、「脇かせぎ」をして「手前の上」を究めることを忘れるような「公案」などは「衆生に毒を食わす」ものだというにあった。これはひっきょう公案が修行者に実《まこと》の疑いを抱かせにくいところに一つの原因がある。白隠もその発明にかかる「隻手」は従来の「無字」の公案よりも疑団が起こりやすい利点があるといっている。

まことの疑いとは

僧問う、「古人曰わく、大疑の下に大悟ありと。和尚は学者の大疑を用いたまわず、如何。」師曰わく、「大疑というは、むかし南岳の六祖へ参ずる時、曰わく、什麼物《なにもの》か恁《いん》麼《も》に来ると問われて、擬議《ぎぎ》し、八年疑着し、説似《せつじ》一物即不中《いちもつそくふちゅう》と答えられた、これ真の大疑大悟なり。たとえば出家のただ一領の袈裟《けさ》を失却し、いかほど尋ねても得がたき時、片時も捨て置きがたく、尋ね求むるを、実《まこと》の疑《うたがい》という。今時の人、古人も疑うたほどにとて、疑を生ずるは疑のまねなり。実の疑にあらず。ゆえに実詣の日なし。失却せざるものを失うたと思い、尋ね求むるがごとし。」（法語　四六）

僧がたずねた。「古人いわく、大疑の下に大悟ありと。しかし老師は修行者の大疑をお用いにならぬのは、どういうわけですか」と。盤珪は答えた。「大疑というのは、むかし南岳が六祖慧能に参じた時、「何物がそのようにやってきたのか」と聞かれて、答えようとして答えられず、八年間疑って、ついに「説似一物即不中（一物を説けば、即ち中《あた》らず）」と答えたようなのが、これが真の大疑・大悟というものだ。たとえていうと、出家が大切なただ一枚の袈裟を失くして、どれほどたずねてもみつからぬ時、かたときも捨ておけずにたずねるようなのを、実《まこと》の疑というのだ。この頃の人が、古人も疑ったからといって、師家から公案などをもらって疑を生ずるのは、疑のまねごとというものである。実の疑ではない。だから実詣（真実に到る）の日がない。それは失いもせぬものを失うたと思って、たずね求めるようなものであるからだ」と。

盤珪はこの法語の心を実地の教育に用いている。網干の新屋敷にいたころ、必要の書きつけが見えなかった。隠侍たちが百方探したけれども見つからない。一所懸命探してようやくたずね出した。そのとき盤珪は、「おまえたちが初めから、家をくずしても探し出すという心があれば、早く見つかったはずだが、いいかげんな心でたずねるからなかなか見つからぬのだ。この書きつけは今しいて必要なものというわけではないのだが、おまえたちに一生の覚悟を教えるために探させたのだ。いいかげんなことでは半人前にもならぬぞ」と、しかった。

盤珪の教育は六祖や南嶽や玄沙や雲門そのままである。公案にたよると、それが便利なだけに、こうした実地の弟子の教育がおろそかになって、ついには弟子たちに「手前の上」を忘れて「脇かせぎ」に精を出させ、ひっきょう「毒を食わす」ことになる。師家たるもの三思すべきところである。

心理禅批判

総じて近代の知識は、道具をもって人を接して、道具でなければ、埒は明《あか》ぬもののように思いて、道具なしに直路にさしつけて、しめすことをしませぬわいの。道具でなければ、叶わぬようにして、道具で人を接するは、瞎漢《かつかん》の禅子《ぜんす》というものでござるわいの。あるいはまたこの道にすすむに、大疑団を起して、その疑団が破れねば、やくにたたぬほどに、まずどうぞあろうとままよ、疑団を起せといいて、不生の仏心でいよとは、おしえずして、疑団のなきものに、疑団を担わせて、仏心を疑団にしかえさせまするわいの。誤りなことでござるわいの。(御示聞書　上一四)

総じて近代の師家方は、公案という道具をもって人を教育して、道具でなければらちはあかぬもののように思うて、道具なしに直接仏心をさしつけて示すことをしない。道具でなければかなわぬように思って道具で人を教育するのは、盲目《めくら》禅者というものだ。あるいは禅に入るには、大疑団を起して、その疑団が破れなければ役に立たぬから、まずどうあろうとかまわず疑団を起せと言って、不生の仏心のままでおれとは教えないで、疑団のない者に疑団を担《にな》わせて、仏心を疑団にしかえさせる。誤りというものである。

盤珪は公案禅の機械的・心理的な「大疑」に反対した。真の「大疑」は、この法語にいうように、心理学的なものというより、もともと主として哲学的なものであると思うが、公案禅が盛んになるにつれて、「大疑」という語が特殊の意味をもつようになって、公案工夫による機械的な極度の意識の集中が心理的に亢進し、一種凝念不動の状態に入る、いわゆるエクスタシーの心理である。これを「大疑現前」などというのである。

これは看話禅において師家が加える人工的技巧で、修行者の心理状態に一種の異変を生ぜしめてこれによって修禅の目標をつかませようというのである。

つまり、公案禅における「疑団」なるものは人為的である。修行者がみずからの心の奥底から持ち出したものでない。そこを盤珪はひっきょう「疑のまねごと」「疑団のない者に疑団を担わせて、仏心を疑団にしかえる」ものとして批判するのである。公案禅は第十二世紀の始め、北宋の五祖法演・圜悟・大慧以来の開悟への方便である。盤珪はこの方便がかえって実悟の妨げになることを恐れた。かれの禅は、遠く唐初の禅風をつぐものと見てよい。「門庭の施設、多くは直截なり」「親しく常言平語をもって祇対す」と言われるゆえんである。

祖録を看るに時節がある

余ある時問う、「仏経祖録など、歴覧致し、学道のためになるべしや。」師曰わく、「祖録を看《み》るに時節あり。経録の理を頼む時、看れば自眼をつぶす。理を見下す時、見れば証拠になる。」（法語　六二）

「仏経・祖録などを歴覧いたしますと、学道のためになりましょうか」と問うと、盤珪は「祖録を看るには時節がある。経録の理窟に頼る時に読むと、自分の心眼をつぶす。反対に法理を見下す時によむと、それが自分の体験の証拠になる」と答えた。経録の理を見下すほどの体験をまず最初に持て、それから次に本をよめ、というのである。昔も今もこれが禅者のいちばん正しい読書法であることにまちがいない。盤珪にとって、不生の仏心の直指以外のすべての「道具」は、みずからの心眼をつぶす「毒」といわれるのである。

ある人、古徳の言句を問う。師曰わく、「一句を会《え》して一句を疑う、千万言、ついに了期《りょうご》なからん。もし親しく老僧の所説に契当《かいとう》すれば、すなわち奇言妙句、便《すなわ》ち汝の口より発せん。然らずんば道において何の益かこれあらん。」（法語補遺　一三、漢文『語録』）

ある人が古人の言句について質問をした。すると盤珪は、「一句が分れば一句に疑を抱く。こんなふうにして、千万言してもついに終る時はない。そんな古反古のせんぎなどやめて、親しくわたしの不生の説法に契当《ぶちあた》れば、奇言妙句はすぐに君の口をついて出るようになる。そうでなければ、道の上で何の益があろう」と言った。

僧問う、「徳山は棒、臨済は喝、先徳皆な是れ棒喝の令を行ず。和尚はついに棒喝を用いたまわず、如何。」師曰わく、「徳山・臨済は棒喝を使い得たり。身どもは三寸を使い得たり。」（法語　四四）

僧が問うた。「徳山の棒・臨済の喝といって、古人はみな棒喝の正令《しょうれい》を行じられたが、老師はついぞ棒喝をお用いになりませんのは、どういうわけですか」と。すると盤珪のいわく、「徳山や臨済は棒や喝を使い得た。わたしはこの三寸の舌を使い得た」と。中国では趙《じょう》州《しゅう》が「口唇皮上《くしんぴ》に光を放つ」といわれたが、日本ではこのわし盤珪じゃと。これに因んで注目すべきは、次の法語である。

自由な平話で問え

また一日云わく、「身どもも若い時分には、ひたと問答商量をしても見ましたが、しかしながら、日本人に似合うたように、平話で道を問うがようござる。日本人は漢語につたのうござって、漢語の問答では、思うように道が問いつくされぬ者でござる。平話で問えばどのようにも、問われぬということはござらぬ。すれば問いにくい漢語で、精はって問いまわろうより、問いやすい辞《ことば》で精はらず、自由に問うたがようござる。それもまた漢語で問わねば道成就せぬといわば、漢語で問うがようござれども、日本の平話で結句よう自由に問われて相すむに、問いにくい語で問うは、下手なことでござる。したほどにみなそう心得て、いかようなことでござろうとままよ、遠慮せず、自由な平話で問うて、埒《らちあ》明けさっしゃれい。埒さえ明けば心やすい平話ほど、重宝なことでござらぬか。」（御示聞書　下三二）

わたしも若い頃、漢文口調で一心に問答商量をしてみたが、しかし日本人に似あったように、日本の口語で道を問うがよい。日本人は漢語は下手で、どうしても中国人のようにはゆかぬ。それで漢語の問答では、思うように道が問い尽くされぬものだ。ふだんの口語で問えば、どんなふうにでも問われぬということはない。さすれば不得手な漢語できばって問い廻ろうより、問いやすい言葉で、自由に問うたがよい。それも漢語で問わねば道が成就しないというのなら、漢語で問うがよいけれども、日本の口語で結句よく自由に質問できてすむことであるから、問いにくい漢語で問うのは下手なことだ。だから、そう心得て、どんなことでもかまわず、遠慮せずに、自由な口語で問うて、らちをあけなさい。らちさえあけば、心やすい口語ほど重宝なことではないか。

これは盤珪禅の特色の一つであり、たいへんな卓見である。ここに盤珪の『かな法語』

の、日本の語録としての真価がある。またかれが公案を使いたがらなかったのも、一つにはそれが日本人自身の言葉でなくて、何となく靴を隔てて痒《かゆ》きをかく思いがするためでもあったろう。

三　不生禅の提唱

皆の衆は幸せ

読者各位ももうだいぶ盤珪の口調になれたことと思うので、以下わずらわしい口語訳はやめて、直接に盤珪の説法にきくことにして、簡単な解説だけにとどめ、そのかわりできるだけ多くの法語を引用することにする。

只今みなの衆は、いかい仕合《しあわせ》なことでござるわいの。身どもらが若き時分には、明知識がござらなんだが、またござっても不縁でお目にかかりませなんだが、殊に若き時分からして、身どもは鈍《どん》にござって、人のしらぬ苦労をしまして、いかいむだ骨をおりましたわいの。そのむだ骨をおりました思いが忘られず、身にしみましてござるゆえに、こりはてて、皆の衆にはむだ骨をおらしませずに、畳の上にて楽々と、法成就させましたさに、精を出して、このように毎日毎日出まして、催促することでござるわいの。皆の衆は仕合なことじゃと思わしゃれい。このようなことがどこにござろうぞいの。（御示聞書　上二二）

また盤珪はいう。――それはちょうど旅人たちが、高い山の峰でのどがかわいた時、その中の一人がはるかな谷におりて行って、骨折って水を得て帰ってきて、みんなに飲ませるようなものだ。いながら飲んだ人も飲めば骨折った人同様に、かわきはやむではないか。このとき疑いを起して飲まなんだら、けっしてかわきはやみはしない、と。

みな不生でござれ

禅師の曰わく、「仏心は不生にして霊明なものに極《きわま》りました、不生なる仏心。仏心は不生にして一切事がととのいまするわいの。したほどに皆な不生でござれ。不生でござれば、諸仏の得ておるというものでござるわいの。尊いことではござらぬか。仏心のたっといことを知りますれば、迷いとうても迷われませぬわいの。これを決定《けつじょう》すれば、いま不生でおるところで、死んでのち不滅なものともいいませぬわいの。生ぜぬもの滅することはござらぬほどに、そうじゃござらぬか。」（御示聞書　上三）

「仏心は不生で霊明なものにきわまった」から、「みな不生でござれ」、これが盤珪の説法の要約である。かれはただこの説法をくり返す。

ただ人々今日の身の上の批判ですむ

禅師の曰わく、「ある和尚の身どもにいわるるは、「そなたも毎日毎日、また同じことばかりを示さずとも、あいだには少しまた因縁古事物語をもして、人の心もさわやかに入りかわるように、説法をば致されしかるべし」といわれました。われかくのごとく鈍なれども、人のためになることならば、鈍なりとも故事のひとつやふたつは、おぼようと思うたらば、おぼえかねもしますまいが、そのようなことを示すは、衆生に毒をくわするようなものにて、ござるわいの。毒をくわすることは、まず得しませぬ。

総じて身どもは仏語・祖語を引いて、人に示しもしませぬ。ただ人々《にんにん》の身の上の批判ですむことでござれば、すむに、また仏祖の語を引こうようもござらぬ。身どもは仏法もいわず、また禅法もいわず、説こうようもござらぬわいの。みな人々今日の身の上の批判で相すんで、埒《らち》の明《あ》くことなれば、仏法も禅法も、説こうようもござらぬわいの。」（御示聞書　上二〇）

「ただ人々今日の身の上の批判ですむ」ことを、仏語・祖語など引くのは「衆生に毒を食わせる」ことになるというのだ。このことは先に説明した。「身どもは仏法もいわず、また禅法もいわず」ただ「いずれもの料簡違いを批判して聞かすまで」（法語）だと、断言してはばからぬ盤珪であった。

人を見る眼がひらける

毎日出まして、皆の衆に逢いまするは、別の事ではござらぬ。今どなたでもあれ、悟らしゃれた方がござらば、証拠人に立ってしんじょうためばかりに、こうして出まするわいの。これにつけても、皆の衆は仕合なことでござる。悟った人がござらば、極めてもらう証拠人に事はかかしゃれぬほどに、この事わきまえたと思う人がござらば、出ていわしゃれい。またいまだわきまえた衆がなくば、身どもがいうことをよく聞いて、決《けつ》定《じょう》さしゃれい。

決定すればその決定した場より、人を見る眼《まなこ》がひらけて見えまするわいの。身どもはついに人を見そこないはしませぬ。不生な眼は誰でもおなじことでござる。それでわが宗をば「明眼宗」と申すわいの。また決定すれば、親のうみつけてたもった不生の仏心でおるゆえに、わが宗をまた「仏心宗」といいまするわいの。人を見る眼がひらけて、人の心肝が見ゆるならば、法成就したと思わしゃれい。そのときが法成就した場じゃほどに、身どもが只今いうことを決定せぬ人は、身どもがみなの衆をいいくらまするように、当分はおもわしゃれて、うけがわぬ人もござろうけれども、ここをさって以後、身どもがいうたことを誰でもあれ、決定さっしゃれた日がござらば、その日その時その場を立たずして、その場より人の心肝が見えましょうほどに、そのとき身どもがみなの衆をいいくらまさなんだことを、はじめてしらしゃりょうぞいの。それ以後のために、ただいま精を出して置きまするわいの。（御示聞書　上二三）

もはや人のまどいを受けぬ不生の人

不生にして霊明なが仏心にきわまった、ということを決定すれば、千万人のひと、ないし天下の人がよりあつまって、口をそろえて、烏を鷺といいくらますとも、からすはそめずして黒く、さぎはそめずして白きものということは、不断《ふだん》見つけてよく知っておれば、何ほど人がいいくらましょうとするとも、いいくらまされぬように、たしかになりまするわいの。まずそのように不生にして霊明なものが仏心、仏心は不生にして、一切事がととのうということさえ、人々たしかに決定《けつじょう》して知っておれば、もはや人には教《きょう》壊《え》せられず、いいくらまされず、人のまどいをうけぬようになれますわいの。そのごとくになった人を、決定した人といいて、すなわち今日不生の人で、未来永劫《ようごう》の活如来《いきにょらい》でござるわいの。

身どもが若きじぶん、はじめてこの不生の正法を説き出した頃は、みな人が得しらいで、身どもを外道か、切支丹のように思いまして、人がおそろしがって、一人もよりつきませなんだ。次第にみな人々身の上の非を知りまして、正法じゃということをよくよく存じて、只今はいにしえ一人もよりつかなんだにかわって、あまりまた人がたずね来過ぎて、身どもをせぶらかし、せがんであいたがって、やすらかに一日も身どもを置かぬようになりましたわいの。物は時節があるものでござるわいの。身どもがここもとに住してより、四十年来よりより人に示しを致すゆえに、この辺には善知識まさりなものが、多く出来ましたわいの。(御示聞書　上二三)

「不生にして霊明な仏心」これで「一切事がととのう」ということを「決定」することを、盤珪が始めて説き出した時、これを「外道か切支丹のように思」って人々は恐れた。もちろん「不生」の語は、盤珪以前にも経典にすでにあることはあった。

身どもが初めて証拠をといた

ところで、不生にしておれば、もはや不滅というも、むだごとでござれば、身どもは不生というて不滅とは申さぬ。生ぜぬものの、滅するということはなきほどに、不生なれば、不滅なものは、いわんでも知れてあることでござるわいの。不生不滅ということは、むかしから経録にも、あそここにも出てござれども、不生の証拠がござらぬ。そのゆえにみな人が、ただ不生不滅とばかり覚えて、いいますれども、決定して不生なことを知りませぬわいの。

身どもが年二十六の時、はじめて一切事は、不生でととのうということを、わきまえましたよりこのかた、四十年来仏心は不生にして、霊明なものが仏心に極ったということの、不生の証拠をもって人に示して説くことは、身どもが初めて説き出しました。ただいま会中《えちゅう》の僧の内に、身どもより先に、仏心は不生にして霊明なものに極った、という証拠をもって、人に示された人があって、聞いたといいてはござるまい。身どもが初めて証拠を説き出しましたわいの。（御示聞書　上一九）

盤珪はいう。自分は「なにとぞして一言で衆生の機にかなうように」と工夫して、「かくのごとく思いつきまして、「不生」の語をもって人に示しまして、余のことは白《もう》さぬ」のだ。「この不生の正法が日本にも唐にも久しく世に絶えてすたれてござったが、今日またふたたびこのように世におこりましたわいの」と。弟子たちもまたいう。「日本・大唐ともに、師より先に「不生の証拠」をもって人に示した人なし。この師が始めなり」「かようの直示《じきし》は古今一人なり」(玄旨軒眼目)と。

不生の証拠

仏心は不生にして、霊明なものに極りました。不生な仏心、仏心は不生にして霊明なものでござって、不生で一切事がととのいまするわいの。その不生でととのいまする不生の証拠は、皆の衆がこちらむいて、身どもがこう言うことを聞いてござるうちに、うしろにて鳥の声雀《すずめ》の声、それぞれの声をきこうとおもう念を生ぜずにおるに、鳥のこえ雀の声が通じわかれて、聞き違わずにきこゆるは、不生で聞くというものでござるわいの。そのごとくにみな一切事が、不生でととのいまする。これが不生の証拠でござるわいの。その不生にして霊明な仏心に極ったと決定《けつじょう》して、直《じき》に不生の仏心のままでおる人は、今日より未来永劫の活《いき》如来でござるわいの。今日より仏心でおるゆえに、わが宗を「仏心宗」といいますわいの。

さて皆の衆がこちらむいてござるうちに、うしろで啼《な》く雀の声を、烏の声とも聞き違わず、鐘の声を太鼓の声とも、聞きたがわず、男の声を女の声とも聞きたがわず、おとなの声を子供とも聞きたがわず、皆それぞれの声を、ひとつも聞きたがわず、明らかに通じわかれて、聞きそこなわず聞き知るは、霊明の徳用ともいうものでござるわいの。これがすなわち仏心は不生にして、霊明なものといいまする、その霊明な証拠でござるわいの。（御示聞書　上一九）

この段にわれわれは盤珪のいう「不生の仏心」のもっとも端的な説示を見ることができる。かれはそれを「不生の証拠」という。

「身どもが初めて証拠を説き出した」という盤珪のいう「不生の証拠」とは、みなの衆がいまこちらをむいて、身どもの説法を聞いておられるうちに、うしろで烏の声・雀の声がする、そのそれぞれの声を、聞こうとする念を生ぜずにおるのに、あれは烏の声、これは雀の声と聞きたがわずにちゃんと聞きわける、それが「不生の仏心」の「霊明なはたらき」というものである、すなわち「仏心は不生にして霊明なものと極った」という、これがその「霊明の証拠」だ、というのである。「証拠」というのは、不生の仏心の動的・行為的「自覚」ないし「直覚」の意である。いま少し、かれのいうところを聞こう。

見ようと思わぬに見える

もっとも不生の心と申すものは、すなわち仏心でござる。この会座《えざ》にては、それがしが申すことをこそ、聞かせらりょうとおぼしめす念まででござるに、この寺の外にて犬の声や、物売りの声のするを、この説法の内に聞かせらりょうとはなけれども、面々耳に聞こえまする。これ不生心と申すものでござる。たとえば不生と申すものは、明かなる鏡のようなものでござる。鏡というものは、われに何にても写りたらば、見ようとは存ぜねども、何にても鏡に向えば、その貌が写りませいでは叶わぬ。またその写る物をのけたらば、この鏡が見ますまいとは存ぜねども、取りのければ鏡に写らぬが、不生の機と申すものでござる。何にてもあれかし、見ましょう聞きましょうと存じたる上にて、見聞きいたすは仏心ではござらん。前かどより、見聞きいたそうとも存ぜず、物が見えたり聞こえたりするが、面々に仏心そなわりたる徳でござるによってのことでござる。これすなわち不生の心でござる。（御示聞書　下二五）

分別の念を生ぜずに歩く

また道を行きますに、むこうから大勢の人が来まするに、かたよろうと思う念を、人々は生じませねども、むこうより来る人に自然と行き当りもせず、人につき倒されもせず、ふまれもせず、大勢の人の中を通りても、あちらへくぐり、こちらへかたよりて、ぬけつくぐりつしようと思う分別の念を生ぜねども、自由に道をあるきますわいの。仏心はこのように不生にして、霊明な物でござって、一切の事が調いますわいの。もし万一自然にかたよろうと思う念を生じてかたより通りますは、霊明な徳用でござるわいの。しかれどもかたよる方へは、念を生じて行き寄りますれども、足もとには一足一足に分別の念を生じてあるきはしませぬ。されども自然にあるくは、不生であるというものでござるわいの。（御示聞書　下三三）

仏祖の根本

われわれはいよいよ不生禅の正体をつかむ段階にきた。盤珪はいう――

　不生にして霊明なが、仏心にきわまったということを、人々みな決定《けつじょう》して、不生の仏心でござる人は、今日より未来永劫《ようごう》の活如来《いきにょらい》と申すものでござるわいの。仏というも生じた跡の名でござれば、不生な人は諸仏のもとでおるというものでござるわいの。不生なが一切のもと、不生なが一切のはじめでござるわいの。不生より一切の始めというものはござらぬ故に、不生なれば諸仏のもとでおるというものでござる。（御示聞書　上一九）

　三世の諸仏・歴代の祖師というも、みな生じた跡の名なれば、不生の場からは、第二第三、とっと末の事じゃわいの。不生でおれば、仏祖の根本でおるというものじゃわいの。人々仏心は不生なものと、決定しておる人は、そのおる所を人は知らず、仏祖にも知らさず、仏祖も不識じゃわいの。これをよく決定さえさしゃるれば、畳の上で骨をもおらず、心やすう活如来でござるというものじゃわいの。(御示聞書　上二三)

不生の場

「不生なが一切のもと、不生なが一切のはじめ」というところの「不生」は「仏祖の根本」である。盤珪はこれを「不生の場」という。「場」の一字がおもしろい。それはまず「そのおる所」を「人は知らず」「仏祖も不識」という「無意識」ないし「無分別」の境である。しかし、かれはこの「不生」を「見よう（聞こう）とは存ぜねども」、すなわち何々「しようと思う分別の念を生ぜねども」自由にはたらく（分別する）「霊明の仏心」だという。だからこの「不生の仏心」すなわち「無分別の分別」を精神分析学などでいう無意識(unconscious)と混同してはならない。心理学の無意識はまだ分別識の領域に属する。それをもっと深く掘り下げて、心理学の分野を超えて、哲学——形而上学にまで至らねば、鈴木大拙先生のいわゆる「宇宙的無意識」(cosmic unconscious)を明らかにすることはできない。

盤珪は常にこの「不生の場」から生滅（一切）を見ようとする。これを逆に生滅の世界に立場をおいて、そこから不生不滅とか単に不滅とかを見ようとすれば、どうしても二元の世界——分別識を脱却できない。そこで禅、すなわち東洋的なるものは、まず驀直《まくじき》にみずから「不生」の世界に飛びこみ、そこから生滅を見るから、生滅の世界の二元的思惟に拘束されることがない。

不生禅の正体

しかし「不生」では、まだ理的・普遍的・抽象的で、その中から事的・個別的・具体的なはたらきが出ない。それで「仏心」という。「霊明な仏心」であってはじめて、見聞覚知の世界に出て、自由なはたらきが可能になる。「無意識」（無分別）のところにおのずから「意識」（分別）が動き、「無分別の分別」（不生の仏心）が肯定せられる。そこで盤珪はいつも「不生」と「仏心」とを結びつけて、一息に「不生の仏心」という。

もしまた我れは聞こうとおもう念を生じていたゆえに、聞いたという人がござれば、それは妄語《もうご》の人でござるわいの。身どもがこう言うことを、こちらむいて、盤珪は、いかようなことをいわるるかと、みな耳をかたむけて、一心に聞こうとしてこそはござれ、うしろでそれぞれの声のするを、聞こうとおもうておる人は、一人もござらぬわいの。しかるに不時にひょっひょっと、それぞれの声が通じわかれて聞きたがわずきこゆるは、不生の仏心で聞くというものでござるわいの。われは前かたから、それぞれのこえがせば、聞こうとおもう念を生じていたゆえに、聞いたという人は、この座には一人もござらぬわいの。それなれば、不生の仏心で聞くというものでござる。不生にして霊明なが、仏心に極りきったというのを、人々みな決定して、不生の仏心でござる人は、

今日より未来永劫《ようごう》の、活如来《いきにょらい》と申すものでござるわいの。（御示聞書　上一九）

「不生なが一切のもと、不生なが一切のはじめ」というこの「宇宙的無意識」そのものが、実は霊明なはたらきをする「不生の仏心」であるのである。この一切の根本というのは、一般に無心・無念・清浄本然・自性清浄などと言われるものであるが、盤珪はそれを単に理的・抽象的な「無意識」として説かずに、「聞こうと思う念を生ぜずにおるに、烏の声、雀の声が通じ分れて、聞きたがわずに聞こゆる」といって、事的・具体的な「意識」の上の事象に徴して説こうとする。すなわち「本源清浄心」が「不生」それ自体にとどまらず、「見聞覚知」の日常生活の上に出入してはたらくところで、動的・行動的に直覚（証拠）せよと説くのである。

盤珪が「仏心は不生にして霊明なものにきわまった」というのは、臨済（八六六寂）が「一無位の真人《しんにん》あり、常に汝ら諸人の面門（眼・耳・鼻・舌・身・意）より出入す。未だ証拠せざる者は、看《み》よ看よ」というに対する答えと見てよい。黄檗（生寂不詳）はいった。「ただ見聞覚知のはたらきのところに本心を認めるがよい。しかも本心は見聞覚知に属さない、また見聞覚知を離れない。だから見聞覚知を捨てて本心を求めてはならぬ、また見聞覚知に着《つ》いて求めてもならぬ。ただ直下《そのまま》無心であれば、本体は自然に現われる」（伝心法要）と。この辺が盤珪の禅が唐の禅に直結するといわれるゆえんである。

すれば常住不生の仏心ひとつでいまして、よのものはありはしませぬわいの。その不生の仏心で、今日いきてはたらき、一切の事がととのいまするゆえに、わが宗を「仏心宗」といい、また今日の活仏《いきぼとけ》というものでござるわいの。直指《じきし》な尊い事ではござらぬか。

直指な不生禅のすすめ

皆な身どもに打ちまかせて、身ども次第にして、まず三十日不生でいならわしゃれたらば、それから後には、おのずからいとむのうても、いやともに不生でいねばならぬようになるものでござって、みごと不生でおらるるものでござるわいの。……すれば今日の活ほとけでござらぬかいの。皆な今日生まれかわったようにして、新らしゅうなって身どもが示しを聞かしゃれい。手前にものがあれば、耳にいらぬものじゃほどに、今あらたに生まれかわったようにしてきけば、始めて示しを聞くようなもので、内にものがなさに一言の下でもはや聞きとって、法成就しまするわいの。（御示聞書　上二）

仏心の尊い事をしればいとむのうても、不生でいねばならぬように、なりますわいの。身どもが申すは、この仏心を三毒にしかえぬということは、いかに大切なことじゃほどに、これをよく聞きこみて、不生の仏心を、余の物にしかえぬように、随分さしゃれい。（御示聞書　上一三）

不生は無記ではないか

ある僧問う。「不生でいよとのお示しでござれども、それがし存じまするは、それでは無記でござるが、苦しゅうはござりませぬか。」

師の曰わく、「こなたの何心のうこちらむいて身どもがいうことを聞きござるに、うしろから、ひょっと、人がせなかへ火をさしつけたらば、あつう覚えようか、あつう覚えまいか。」

僧云わく、「あつう覚えましょう。」

師の曰わく、「それならば無記じゃござらぬわ。あつぃと覚ゆるものが無記なものか。無記でなさに、あついと覚ゆるわい。無記でなさにあついことも寒いことも、知ろうと思う念を生ぜずにいて、よう知り分け見分けますわい。こなたが無記じゃが苦しゅうないかというものが、無記なものか。無記でなさにひとりでによう無記を知りますわいの。また無記でなさに、無記じゃが苦しゅうないかといいますわ。無記なら、なんとして無記ともいいましょうぞ。すれば仏心は霊明にして、かしこいものでござって、無記じゃござらぬわ。それを無記と思うはこなたのあやまり、思うものが無記なものか。無記なものなら思いもせぬはずじゃ。それならどこに無記ということがござろうぞ。さてこなたはいつ無記でおることがあるぞ、不断無記ではござらぬわい。」（御示聞書　下二九）

「不生の仏心」（無分別の分別）の無分別面をみて無記でないかとの疑問は、いちおうもっともである。しかし「無分別」はけっして静態的禅定《ぜんじょう》ではない、それは「知ろうという念を生ぜずに」よく「知り分け見わけ」る動態的般若（智慧）である。これを不生の仏心の「霊明性」と盤珪はいうのである。無記のように見えるのは「不生」を生滅の分別的立場から見るからである。これに反して「不生の場」から生滅を見るとき、生滅がそのままただちに霊明性をもってくる。

感覚と般若の直観智

僧問うて曰わく、「禅師の示しの通りでいますれば、うっかりとしておるようにぞんじまする」という。

禅師曰わく、「そなたの何のおもいがけもなくてござるに、うしろからせなかを人が錐《きり》でつかば、痛うおぼようか、覚えまいか。痛う覚ようがの。」

僧の曰わく、「痛う覚えましょう」という。

禅師曰わく、「それなれば、うっかりじゃござらぬわいの。うっかりならば、覚えぬはずなれども、うっかりでなさによく覚えまするわいの。それなれば、いつうっかりでいたということがあるぞいの。ありはしませぬわいの。したほどに、身どもにまかせて不生の仏心でござれ」となり。（御示聞書　上五）

きりでさしたら痛いという、分別識から見れば、単なる「知覚」または「感覚」ともいうべき作用の中に、禅者は分別識（vijñāna）以上の般若（Prajñā）の「無分別の分別」の立場がある、「あ、痛い」と叫ぶところに、不生の仏心の霊明なはたらきを見るというのである。仏心の「霊明性」がいわれるのは、この般若の直観智の立場からである。だからこの盤珪の語を真に肯《うけが》うためには、どうしても一度分別意識の世界を突破（信決定）した上でなければならない。

脇かせぎが強さに

僧問うて曰わく、「禅師の平生お示しに不生でいよと仰せられまするが、それではよのつねいたずらでおるようにぞんぜられまする」という。

禅師の曰わく、「よのつね不生の仏心でおるが、いたずらでおるというものか。そなた衆が常に不生の仏心でいずして、常に脇かせぎがつよさに、あれにかかり、これにかかりて、ひたもの不生の仏心を、余のものにしかえておるが、それが徒《いたず》らというものじゃわいの。」

僧、答なし。

禅師また曰わく、「いたずらでおるというものではござらぬほどに、不生でござれ」と仰せられしなり。（御示聞書　上四）

身のひいきをして

僧問うて曰わく、「それがしどもは、不断におるすでいまするることが多くござって、この事《じ》を得明《え》らめませぬほどに、お示しを受けまして、おるすでいぬように、いたしとう存じまする」という。

禅師の曰わく、「人々親のうみつけてたもった不生の仏心は、霊明なものでござって、不断人々おるすなことはござらぬが、そなたはいつお留守でいさしゃれたことがござるぞいの。そなたのお留守というは、別の事じゃござらぬ。おるすというものは、お留守じゃござらぬ。そなたが仏心を得知《え》らぬによって、仏心のままでいずして、仏心をあれにしかえ、これにしかえておるによって、何を聞いても、耳にいらぬわいの。仏心を物にしかえておるというもので、お留守というものではござらぬわいの。おるすなものが、おるすを問うものかいの。おるすならばお留守なこともしらず、問いもせぬはずじゃわいの。みなよく寝入っても、おるすでなさに、人がよび起せば、返事をして起きまするわいの。いつおるすなことがござるぞいの。この場でもそのとおり、以前以後とても、不断お留守じゃござらぬわいの。只今この場には一人もおるすな人もなく、また一人も凡夫はござらぬ。みな親のうみつけてたもった仏心一つどしの寄合でござるわいの。この場を立ちさりて、只今示しを聞いておる時のごとくにして、ふだん一切事をととのえてござれ。それなれば不生の仏心ひとつでおるというものでござるわいの。わが欲がきたなさに、気ぐせを出かし、身のひいきをし迷います。仏心をしりぞき、つい凡

夫になりまするわいの。もとに凡夫は一人もござらぬわいの。」（御示聞書　上六）

仏心を物にしかえる

今この場におる人は、一人でも凡夫はござらぬ。みな人々不生の仏心ばかりでござる。凡夫でござると思わしゃる方がござらば、これへ出さしゃれい。凡夫はどのようなるが、凡夫でござるというてみやしゃれ。この座にも一人も凡夫はござらぬ。もしこの座を立ってしきいひとつまたがり出るか、また人まえに出て人がひょっと行きあたるか、また後からつきたおすか、また宿所へ帰って男でも女でも、子供でも下男下女でもあれ、わが気にいらぬことを見るか聞くかすれば、はやそれにとんじゃくをして、顔へ血をあげて身のひいきゆえに迷うて、仏心を修羅にしかえるなり。そのしかえるときまでは、不生の仏心でいまして、凡夫ではござらぬ。その時生じて、ついちょろりと、凡夫になりまする。一切のまよいはかくのごとく、むこうのものにとんじゃくして、わが身のひいきゆえに、仏心を修羅にしかえて、ひとりでにみなまよいます。むこうのものはいかようにありとままよ、向うて貪着《どんじゃく》せず、わが身のひいきをせずして、ただ仏心のままでいて、余のものにしかえさえせねば、まよいはいつとても出来ませぬ。常住不生の仏心で日を送るというものでござる。しかれば今日の活仏《いきぼとけ》ではござらぬか。決定して今日の活仏で尊いことでござる。（御示聞書　上二〇）

分別の根拠になる無分別を「得知らぬ」というと、分別我が中心になって本心を離れて「脇かせぎ」をするということになる。それを倫理的にいうと、「身のひいき」という。「わが欲のきたなさ」によって、それがついには「気ぐせ」となり、親の生みつけた本来のものでもないのに、「つい凡夫になる。」しかしそれは、「仏心を余のものにしかえ」ているというものであって、仏心が「おるす」になっているのではけっしてない。それはるすにしようと思ってもできないもの、只今「この場には一人もおるすな人」はなく、もともと「一人も凡夫はござらぬ」からである。それで「脇かせぎ」や「身のひいき」をせず、「仏心を余のものにしかえ」ずに、「仏心のままでおる」ということは、「無分別の分別」の意識に目覚めるということ、常に般若の「不生の場」に立つということである。

生れつきの短気はない

僧問うて曰わく、「それがしは生れついて、平生短気にござりまして、師匠もひたものいけんを致されますれども、なおりませず。私もこれはあしきことじゃと存じまして、なおそうといたしますれど、これが生れつきでござりまして、直りませぬが、これは何と致しましたらば、なおりましょうぞ。禅師のお示しを受けまして、このたびなおしとう存じまする。もしなおりて国元に帰りましたらば、師匠の前と申し、また私一生の面目とぞんじましょうほどに、お示しにあずかりとう存じまする」という。

禅師曰わく、「そなたはおもしろいものを生れついたの。今もここに短気がござるか。あらば只今ここへおだしやれ。なおしてしんじようわいの。」

僧の曰わく、「ただ今はござりませぬ。何とぞ致しました時には、ひょと短気が出まする。」

禅師曰わく、「しからば短気は生れつきではござらぬ。何とぞしたときの縁によって、ひょっとそなたがでかすわいの。何とぞした時も、わがでかさぬに、どこに短気があるものぞ。そなたが身のひいき故に、むこうのものにとりおうて、わがおもわくを立てたがって、そなたがでかしておいて、それを生れつきというは、なんだいを親にいいかくる大不孝の人というものでござるわいの。人々みな親のうみつけてたもったは、仏心ひとつで、よのものはひとつもうみつけはしませぬわいの。しかるに一切迷いはわが身のひいきゆえに、わがでかしてそれを生れつきと思うは、おろかなことでござるわいの。わがでかさぬに短気がどこにあろうぞいの。

一切の迷いもみなこれとおなじことで、われまよわぬに、まよいはありはしませぬわいの。それをみなあやまって、生れつきでもなきものを、わが慾で迷い、気ぐせで、わがでかしていながら、生れつきとおもうゆえに、一切事につけてまよわずに、えいませぬわいの。何ほど迷いがたっとければ、一仏心にかえて迷いまするぞいの。みな一仏心の尊いことをしれば、迷いとうてもまよわぬがほとけ、迷わぬがさとりで、外にほとけになりようはござらぬわいの。身どもがいうことをそばへよって、とっくりとよくのみこんできかしゃれい。」（御示聞書　上一）

直そうより出かさぬが近道

一切の迷いは皆な身のひいきゆえに、迷いますわいの。身のひいきせぬに、迷いは出来はしませぬわいの。ここをよくきかしゃれい。親のうみつけてたもったは、不生の仏心ひとつで、余のものはうみつけはしませぬ。それをそなたが、幼少なるころより、人の短気を出かすを見ならい、聞きならいて、そなたも短気が気ぐせとなって、時々ふっとたんきを出かして、生まれつきとおもうは、おろかなことでござるわいの。今より前の非をしりて、この場からながくたんきをでかさぬようにするに、なおすたんきはありはしませぬわいの。なおそうよりは、でかさずにおるがちかみちじゃわいの。でかして置いてなおすというは、造作な事むだ事というものでござる。でかさねばなおすことはいりませぬほどに、ここをよくわきまえさしゃれい。よくがてんすれば、このたんきひとことにつけて、余の一切も迷われませぬわいの。(御示聞書　上二)

一切の迷いは「身のひいき」から起る。「親の生みつけたは仏心一つ」なのに、幼少の頃から大人のする悪いくせを見ならって、ついにはそれが「気ぐせ」となって、折角の「仏心を余のものにしかえる」「脇かせぎ」に走ることになる。本来ないものを、われとわが「仕出かしておいて」、それを本来の性質——生れつきと思うは、まことに愚かなことである。それでは、どうしたら本来ない迷いを退治することができるか。

念に頓着せず

また仏心は霊明なものゆえに、従前のわがなし来ったほどの影は、写らぬということはござらぬわいの。そのうつるかげにとんじゃくすれば、ついまた迷いをでかしまするわいの。念は底にあっておこるものではござらぬ。従前見たり聞いたりしたことの縁によって、その見たり聞いたりしたるが、写るというものでござるわいの。もとより念に実体はありはしませぬによって、写らばうつるまま、おこらば起るままに、やまば止むままにて、そのうつる影にとんじゃくさえせねば、迷いはできはしませぬわいの。とんじゃくさえせねば、まよわぬがゆえに、何ほどかげがうつりても、写らぬと同じことでござるわいの。たとい念が百念千念きざしおこっても、おこらぬと同じことで、少しも妨げにならねば、はよう念断する念といいて、一つもありはしませぬわいの。(御示聞書　上一二)

出次第にして念を育てず

この間いずれも聴聞の通り、面々生れつきたる仏心でござるに、世間のならわしで、あしき世渡りをならいましたによって、おしや、かわいやの餓鬼道に、仏心をかえましたでござる。ここをとっくりとご了簡あれば、不生の機になりまする。しかし不生になりたいと思《おぼ》しめして、嗔《いか》り、腹立や、惜しや、貪《ほ》しやのおこるを、止《や》みょうとおもわっござる。おこる念を止みょうとたしなみましたぶんでは、一心が二つになります。走る者を追うがごとくでござる。おこる念を止みょうとたしなみましたぶんでは、永代おこる念と、止みょうと存ずる念が、たたかいまして、止まぬものでござる。たといふと思わずしらずに、嗔《いか》ることござるとも、またおしや貪《ほ》しやの念が、出来ましょうと、それは出次第にいたし、その念を重ねてそだてず、執着致さず、おこる念を止みょうとも、やめまいとも、その念にかかわらざれば、おのずから、止まいではかないませぬ。たといいろいろの念がおこりまするとも、そのおこり出ました当座ばかりにて、重ねてその念にかかわらず、うれしきにも永く念をかけず、一心を二心に致さぬがようござる。常に心持をかように思わっしゃれば、あしきことをも、よきことをも、思うまいの、やみょうのと、思わっしゃらねば、おのずから、やまいではかなわぬ。嗔りというも、嬉しいというも、これみなわれより生じましたれば、その心が滅せいではかなわぬ。とにかく常に不生の心を心がけさせられい。第一でござる。これにゆだんござらねば、善悪におこる念もござらず。もっともやみょうと存ぜず、しかるときは生ぜず滅せずでござらぬか。ここが不生不滅の仏心と申すものでござる。（御示聞書　下二八）

血で血を洗うようなもの

たとえをもっていいましょうならば、血をもって血を洗うようなものでござる。もっとも血はおちましょうけれども、また後の血がつきまして、いつまでも赤気《の》は退けませぬ。そのようなものでござって、前の止まらぬ恚《いか》りの念は止みましょうけれども、止めにかけた後の念が、いつまでも止まらぬことでござる。ぬ。そのようなものでござって、前の止まらぬことでござる。しからば如何いたして止むことぞと思わしゃろが、たとい不計思わず知らずに嗔り腹の立つことがござろうとも、あるいはまた慳《お》しや欲しやの念が出ましょうとも、それは出次第に致して、その念を重ねて育てず、執着をせずに、起る念を止みょうとも、やむまいとも、取合わねば、止もうよりほかのことはござらぬ。垣と争論は、独りして成りませぬ。その相手がござらぬほどに、おのずから止まいでは叶いませぬ。（御示聞書　下一八、竜門寺本）

僧問う、「一切の塵労妄想をしずめがたし、如何にしてしずむべきや。」答えて曰わく、「妄想をしずめんと思うも妄想なり。妄想は本来なきものなれども、ただ自分より分別し出すなり。」（法語　一三）

成るを不生とはいわぬ

人々みな不生の仏心でいさっしゃれい。心上に心を生じ、不生になろうとするは誤りでござる。不生になることはいりませぬ。こしらえてなるを不生とは白《もう》しませぬ。またこしらえてなる不生が何の用に立ちましょうぞ。皆な人がよく不生の理ということでござるが、不生には理もいりませぬ。なることもござらぬ。理も預からずなることも超えますわい。皆な聞きあやまります者は、不生を立てもののように存じて、外に一つ不生というものがあって、それにどうでもなることのように思います。いかいちがいなことでござる。なろうとするものは、不生ではござらぬ。なろうともせず、ただ不生でおるがよくござる。それを得《え》知りませいで、ひたものあがいて、脇かせぎしまして、どうぞして不生になろうと解了しますところで、心上に心を生ずと白して、みなを呵《しか》ることでござる。（玄旨軒眼目）

「不生になろうとせず不生でおれ」と盤珪はいう。黄檗に「当体便《すなわ》ち是《そ》れ、念を動ずれば即ち乖《そむ》く」の語がある。それは如何にしても客体的に対象化（盤珪のいわゆる「立て者」として外に見る）することはできないもの、主体的に行為的直観的に、それ自体のはたらきそのものとなって見る（「ものとなって見る」は西田哲学の術語）ほかにないものである。

仏になろうとしょうより仏でおるが近道

師、臘月朔日、衆に示して曰わく、「身どもが所は、常平生が定坐でおりまする所で、諸方のごとく今日より定坐というて、格別にあがきつとむることはござらぬ。眠る僧がござれば、それをある僧がござって、ひたとたたきましたを、身どもが叱ったことでござったわ。心よう寝ておる者を、なぜにたたくぞ。眠ればあの僧が余のものでおるかと申したことでござったが、寝よというてすすめはしませねども、眠っておるときたたくは、いかい違いでござるわいの。いま身どもが所では、そのようなことはさせませぬ。眠れというてすすめはしませねども、眠るとてたたきもしかりもしませぬ。眠るを呵《しか》りも誉《ほめ》もせず、眠らぬを誉も呵りもしませぬ。起きば起きたまま、寝りゃ寝たまま、眠れば覚《さめ》た時の仏心で眠り、覚れば眠っていた時の仏心で起きておる。眠れば仏心で眠り、覚れば仏心で覚ておれば、不断仏心でいて、常に余の物でおるということは、暫時の間もござらぬ。それを眠っておれば、余の者になるように思うがあやまり。起きておる時ばかり仏心で、寝た時は余の者にならば、法の至極ではのうて、不断流転するというものでござるわいの。みなが仏になろうと思うて精を出す。それゆえ眠れば、しかりつ、たたいつするが、それはあやまり。仏になろうとしょうより、みな人々親の産みつけたは、余のものは産みつけはせぬ、ただ不生の仏心一つばかり産みつけたところで、常にその不生の仏心でおれば、寝りゃ仏心で寝、起きりゃ仏心で起きて、平生活仏《いきぼとけ》でござって、いつ仏でおらぬということはない。常が仏なれば、このほかまた別になる仏というてありゃせぬ。仏になろうとしょうより、仏でおるが造作がのうて、ちかみちでござるわいの。（御示聞書　下三四）

「仏になろうとしょうより、仏でおるが造作がのうて、ちかみちでござるわいの」の一句、盤珪禅の真髄である。

余りに軽すぎないか

かくのごとくに示すを聞いて、出雲の俗人、禅師に問うて曰わく、「禅師のお示しの通りなれば、むぞうさに仏心でおれば、心やすうはござりまするが、余りお示しが軽すぎましたではござりませぬか」という。

禅師曰わく、「仏心でいよというが軽すぎるか。おてまえが、仏心をなんでものうおもうて、腹を立てては修羅道にしかえ、わが欲をでかしては餓鬼にしかえ、愚痴をでかしては畜生にしかえ、種々様々のものに心をやすうしかえて迷うが、それが軽すぎるわいの。身どもが示しは軽すぎはしませぬわいの。仏心でおるより重く尊いことは、またほかにありはしませぬわいの。したほどに、身ども次第にして、仏心でおるようにおしやれ。仏心でいよということは、かるいことのように思わしゃりょうが、重いことゆえに、皆の衆が得《え》仏心でござらぬわいの。それがかるいことか。また仏心でおることは、おもいように思わしゃりょうが、今これを聞きこみて、よくわきまえて決定《けつじょう》して、仏心でござれば、また骨もおらずして、軽く心やすう今日の活仏でおるというものでござるわいの。そうじゃござらぬか。身どもがいうを聞く、そなたが無造作に仏心でおることは、心やすきようにいえども、心やすうなさに仏心を修羅にしかえ、餓鬼にしかえ、畜生にしかえるわいの。」（御示聞書　上二）

一分とれば一分光る

師ある時仰せけるは、「身どもが法は、諸方のごとく、目あてをなして、あるいはこれを悟り、あるいは公案を拈提《ねんてい》することなく、仏語・祖語によらず、直指《じきし》のみにて、手がかりのなきことゆえ、すなおに肯《うけご》う者なし。第一多智聡明の者、知解《ちげ》情量に碍《さ》えられ、肯いがたし。かえって尼かかのようなる文盲の者、はたらきがなきゆえ、推し立てて師家《しけ》にはせられねども、たしかに信得徹して、頭をめぐらさざる者の多し。」また曰わく、「たとい十成《じゅうじょう》に肯う者なしといえども、身どもが法は金子《きんす》のまるかせを、打ち砕き散じたるようなるもので、一分とりたる者は一分光り、二分取りたる者は二分光り、ないし一寸二寸、分相応に利益あらずということなし。」(法語　三七)

「直指」の一語、盤珪禅の特色を表現して余すところがない。弟子智常はいった。「師は常に禅林の師学の弊多きを難ず。ここをもって門庭の施設多くは直截なり」「誓って経録の言句を挙《こ》せず、およそ来り参ずる者あれば、賢と不肖となく、親しく常言平語をもって祇対す」と。「尼かか」云々の言も、「身どもが法は金子のまるかせ」の語も光っている。

大法の望みうすき故なり

余ある時問うて云わく、「われ久しく師に参じ、またかたじけなく左右に随侍すること、数年。法要においてあえて疑うこともなし。しかれども師の左右を見るに、不可思議にて、これを鑽《き》ればいよいよ堅く、これを仰げばいよいよ高し。常に喟然《きぜん》として嘆ずるのみ。また応機の大自在、辺際なきこと、日月のようで及ぶべからざるがごとし。如何にして十成なることを得んや。」師曰わく、「参禅の者、おおかた十の物七つ八つまでは到れども、二つ三つをえ越えぬ」と。余曰わく、「越えようは如何。」師曰わく、「越えようはなし」と。余曰わく、「越えようなくして、え越えざるは、過《とが》は何の処にかある。」師良久《やや》しゅうして曰わく、「ひっきょう大法の望みうすき故なり。」（法語　六六）

「参禅の者、おおかた十の物七つ八つまでは到れども、二つ三つをえ越えぬ。」「越えようはいかに。」「越えようはなし。」「越えようなくして、え越えざるは、過は何の処にかある。」「ひっきょう大法の望みうすきゆえなり。」盤珪禅のおそろしさを肚《はら》の底から痛感させられる文字である。先の「余りお示しが軽すぎはせぬか」などという言のこれはまた何という無理解さ。逸山がかつて問うた。「われ今法において疑いなし。この上いかんとも力を着くべきようなし」と。盤珪のいわく、「疑うこともなく問うこともなき田地に到ることは安い。法が甚深なり、智慧が甚深なり。到れば到るほど深し。このゆえに身どもは一生一言の許可をせざるが一代の為人なり。第一智識の左右を見れば造詣いよいよ深し」と。

四　禅師の行履

以下、盤珪の日常の行履《あんり》を示す文章を少々抜き書きしておく。一々珠玉の文字である。「説法そのものよりは、逸話みたいなものの中に、禅師の日常底《てい》がうかがわれる」とは、恩師鈴木大拙先生の言葉であった。

一日をもって一炷となす

仁侍者問う、「師かつて只管打坐《しかんたざ》す、昼夜縷香《るこう》幾箇をか消する。」師曰わく、「老僧径日坐する香数を数えず。ただ一日をもって一炷《ちゅ》となし、一夜を一炷となす」と。仁、覚えず舌を吐く。（法語補遺　一四、漢文『語録』）

不生の仏心は線香の上にありはせぬ

また禅師の曰わく、「身どもが所には、不断不生の仏心でばかりいよとすすめて、別に規矩《きく》というて外に立てて、勤めさせは致さねども、毎日線香十二炷ずつは、みなのものが談合して、勤みょうと申すほどに、いかようともいたせということでござるわいの。十二炷ずつ定めて置きて、つとめさせまするこ とでござるわいの。しかし不生の仏心は線香の上にありはしませぬぞいの。仏心でいて迷わねば、外に悟りを求めず、ただ仏心で坐し、ただ仏心でい、ただ仏心で寝、ただ仏心で起き、ただ仏心で住しておるぶんで、平生、行住坐臥、活仏《いきぼとけ》ではたらきいて、別の仔細はござらぬわいの。坐禅は仏心の安坐が坐禅じゃところで、常が坐禅でござるによって、勤める時ばかりを坐禅とも申さぬわいの。坐の時でも、用事があれば立ってもかまいはござらぬほどに、身どもが会《え》下《か》では、皆の衆の心次第にいたすことじゃほどに、一炷は経行《きんひん》をし、また立ってばかりもおられぬものじゃほどに、一炷は坐して、つとめておるようにさしゃれい。寝てばかりいようはずもなきゆえ起きもし、話してばかりいようはずもなきゆえに、つとめも致させますれども、規矩にもかかわりはしませぬ。」(御示聞書　上一四)

鍋の内にて差別をなす

また地蔵寺にいます時、斎時飯を喫したもう。師従容に仰せけるは、「今日の飦《かゆ》はよくにえて味《あじわ》いよし」と。給仕の小僧曰わく、「御前のあがるは、鍋の内にてえらびあげる」と。師曰わく、「誰が飦を盛りたる」と。小僧云わく、「祖教」と。師曰わく、「あさましきことなり。鍋の内にて差別を致す」と。そののち飦を喫したまわず。祖教も同じく飦を喫せず。数月あって師このことを聞き、のち飦を喫したもう。祖教もまた喫す。およそかようの類時々多かりき。(行業略記　二)

身どもに毒をくわしむ

ある時若宮庄屋方より、お城慈光院殿へ、茄子《なす》のはつなり、ちいさきを二つ、献上しけり。大姉すぐに如法寺へ遣わさる。祖徹典座《てんぞ》にて、このちいさき物二つ、大衆へは及びがたしとて、師一人へ汁に料理してあげけり。師少しあがりて曰わく、「城より来る茄子はなんとしたぞ」と。祖徹ありのままに申し上ぐる。師大いにお叱り、「身どもに毒をくわしむ」と仰せあり、その汁食をあがらず。翌朝の小食ならびに日中の飯をもあがらず、祖徹始め老僧中、種々のわび言にて飯を喫したもう。（行業略記　八）

薬用の酒もしりぞける

師、京地蔵寺にいませし時、酒製の薬服用につき、酒を少し京よりお取り寄せありけり。また曰わく、「この寺へ薬のためとて酒を入るれば、児孫の中に、身どもも薬のためめに、酒をとりよせたなどいって、何ぞにかこつけて、酒を取り寄せ、飲む者あるべし。取り寄せたる酒壺、ただちに打ち破りすつべし」と。この儀了与《りょうよ》真に見たるよし語る。かくのごとく末代の弊事をお考えありて、護法一片のほか他なし。子孫たる者、酒に限らず、師の護法のご用心に矜《つつ》しみ式《のっと》りて堅く守らずんばあるべからず。（行業略記　九）

女人の独参をきく用心

祖崙《そろん》、如法寺看坊の時、余に語って曰わく、「家中諸士のうち妻ならびに娘の気癖ある者、われを頼み、師に独参させ、誡示を願う者多し。いつも集雲庵にてお逢い、われを召され、次の間におらしむ。妻娘を放し独参せしむるほどなれば、毫ばかりも疑うことはなけれども、師の用心かくのごとし。」律に女人に対する時は、第三の人ということ、自然に符合せり。竜門寺にいます時も、比丘尼あるいは女人独参の時は、林貞尼の庵にて林貞召しつれ出でけり。（行業略記　一七）

いつから女人になった

女人問う、「女は業ふかき者にて、成仏はかたしと承る、さようにて候や。」師曰わく、「汝何の時より女人になりたるや。」（法語　四〇）

男女にかわりなし

しかれば今日より、男は男の仏、おんなは女の仏心でござる。この女の仏心にて、女は仏にならぬものというて、女儀方は気の毒がらるると申すが、さてさてさようのことではござらぬ。男女に何のかわりがござろう。男も仏体、女も仏体、かまえてかまえてさようの疑いないがようござる。この不生の理をとくと了簡あれば、男も女も、不生にかわりはござらぬ。みな仏体でござる。（御示聞書　下二五）

淫欲戒を授く

師、肥前の松浦、普門寺にあり。檀那壱州任《いきのかみ》、雄香寺、深く師の徳を欽ぶ。参禅虚日なし。かつて師を礼して曰わく、「和尚の法恩に酬《むく》ゆる、国城妻子を捨つること、軽きこと毛のごとし」と。師曰わく、「士に淫欲戒を授けん。」壱州、俯首少焉《しばらく》す。曰わく、「謹んで尊命を受く」と。（贅語　六九）

尊卑をもって心を二つにせず

師、大洲にあり。倉監の小吏、藤岡某の請を受け、その日を刻定す。その日また太守の請あり。師先約をもって辞す。人、太守を憚《はばか》る。師曰わく、「われあに尊卑をもってその心を二つにせんや。いわんやまた小吏のわれを請ずるや、日をかねて苦神、親しく薪水して払拭を勤む、その志深厚なり。太守は咄嗟《とっさ》にすなわち弁ず。あに今日に限らんや。」太守その徳言を聆《き》きて大いに感あり。これ師にしてこの言あり、太守にしてこの感あり。太守とは藤《かとう》公泰興也。豪傑にして鎗術に長ず、由井正雪といえども、畏憚するところなり。（逸事状　三二）

僧堂は悪徒のために設けるもの

師、京の地蔵寺において、閉関の時、竜門寺石門和尚より見舞に、天球をつかわさる。関の口にて天球にご相見《しょうけん》の次《つい》で、天球申しけるは、「竜門寺に若輩数人、寺役も疎略、行跡も廉行にて、寺法の妨げになる。如法か林光か、他所へ参り勤めなば、覚悟も改ることとあるべきか。この趣を窺《うかが》うべし」と、石門申され候より、申し上げければ、師、周蔭・祖廓・祖仁を召して、石門方より天球に伝言の趣きかくのごとし。右の通り仰せられ、「叢林というは、さようの悪徒いくらも取りあつめ、接得して、善人となさんために設くるなり。しかるにその料簡もなく、無慈悲にて、悪徒を余所へゆずり、余所の邪魔にせんと計るを、叢林の住持というべきか。慈悲寛裕の心なき者、住持すれば、わが法滅却の基いたり」と大いに叱りたまいき。総じて住持・役人あるいは左右の侍者にても、寺中僧侶の是非を申し上ぐること恐れ憚りき。(行業略記　二一四)

詮議をすれば過人が出る

同じく結制の時、不動堂にて失金の沙汰あり。一日陞座《しんぞ》、時に一僧出て曰わく、「某甲《それがし》は某州某寺の弟子なり。今冬不動堂に勤行仕る。しかるところに、隣単の僧草鞋《わらじ》銭《せん》を失却す。某《それがし》隣単ゆえ疑着せらる。堂中の沙汰に及ぶ。お慈悲をもってご穿鑿《せんさく》を願い奉る」と。師曰わく、「こなた偸《ぬす》みはせんか。」僧曰わく、「かようなる未曽有の勝会《しょうえ》にて、さようなる無慚愧《ざんき》のこと繫念《けねん》にもあるべきにあらず。」師曰わく、「それでよく候。」僧曰わく、「しかれども這回《しゃかい》日本の聚会にて候えば、詮議なくては某《それがし》日本国へ虚名を播し申すこと、迷惑仕り候。ただお慈悲を仰ぎ奉る。」師曰わく、「詮議すれば過人《とがにん》がでけるが、それでもよいか」と。僧曰わく、「日々大法を聴聞いたし、是底《これつら》のことに

我慢身贔負《みびいき》仕ること、無慚愧至極」とて感涙し去る。（行業略記　二六）

弥陀をたぶらかす

網干に八郎兵衛という者、問うて曰わく、「私は一向宗にて、一心に弥陀如来をたのみ、おたすけは一定と心得、報謝の念仏申し候」と。答えて曰わく、「常にばくちをうち、いろいろ悪事をなして、お助けを願うは、弥陀如来をたぶらかすに似たり」と仰せける。そのころ八郎兵衛さかりにばくちを打ちけり。一座の人感動す。（法語　二六）

仏の名知りじゃ

濃州玉竜寺にて、俗漢出て一喝し、「これ仏でござるか」と。師中啓をもって、渠《かれ》が頭をおさえ「これ知りたるか。」曰わく、「これ仏。」師、中啓をとりなおし、頬をつきのけ、「仏の名しりじゃ」と仰せらる。渠擬議《ぎぎ》して退く。（法語　四七）

不生の人には戒律はいらぬ

ある律僧問うて曰わく、「禅師には戒はござりませぬか。」師曰わく、「もと戒と白《もう》すは、律を犯す悪比丘の者の上にいることでござって、不生でおる人の上には、戒はいりませぬ。戒法は衆生のために説きまして、仏のためには説きゃしませぬ。人々《にんにん》みな不生でおりますれば、今日の活仏でござる。その活仏が戒を受くるようなことをしでかしゃしませぬ故に、受くる戒はござらぬ。受くるようなことをしでかすを、不生の仏心とは白さぬ。生じて跡の名を戒律といいますれば、律と白すも、不生の場からは、第二義末なことでござって、不生の場にゃ律と白すこともありゃしませぬ。皆の衆、律宗とおっしゃって、律を表に立ててござるが、それを悪いとは白さぬ。しかれども、それで至極はしませぬ。至極しませにゃ、戒律を表に立つるが手柄でもござらぬ。したほどに、ただいまこの場にござる通りに、不生の仏心でいさしゃれば、それなりゃ今日の活仏でござるところで、律はおのずからその中に具足しております。したほどに不生でおる人は、犯すの、受くるの、持つの、破るのということは超えております。超えて預りませぬところで、また犯すようもござらぬ。犯さにゃ受くることはいりませぬ。受けて犯して受けますは、ちがいでござる。さようじゃござらぬか。」（玄旨軒眼目）

身どもがいうところを信ずるが成仏

常仙問う、「私こと死を苦しみ申すゆえ、毎度参上仕り候。人としてはこれよりほかに、一大事はあらじと存じ候。」師曰わく、「その心、学道の根元なり。さように思いとりて、その志を失わざれば、直《じき》に道にかなうなり。」また問う、「成仏致すということ、何の処を申し候や。」答えて曰わく、「身どもがいう所をよく肯《うけが》い、信じて疑わざるところ、即《そく》成仏なり。」（法語　二四）

二王坐禅と在家仏法・正三道人『驢鞍橋』

一　禅門の一匹狼

三河武士の出身

石平道人《せきへいどうじん》鈴木正三《しょうさん》（一五七九―一六五五）は、三河武士の出身である。天正七年（一五七九）三河国加茂郡則定郷（愛知県豊田市）に、松平家臣鈴木氏の長子として生れた。先祖は紀州熊野の人で、三河に移って松平氏の家臣となってすでに数代であった。正三自身も通称を九大夫といって、四十二歳まで徳川家の旗本であった。

慶長五年（一六〇〇）の関ケ原の役には二十二歳で本多佐渡守の配下として出陣している。同じく十九年（一六一四）の大坂冬の陣には本多出雲守の配下として、また翌年の夏の陣には徳川秀忠に従って、武功をたてた。時に三十七歳。元和元年（一六一五）には、三河国加茂郡で二百石を賜っている。旗本として駿府で家康に仕えたが、その死後は二代秀忠に仕えて江戸駿河台に住んだ。

正三は武士でありながら、好んで僧侶とつきあい、なかでも臨済の雲居《うんご》希膺《きよう》（松島瑞巌寺）・愚堂東寔《ぐどうとうしょく》（京都妙心寺）・大愚宗築《たいぐそうちく》（江戸南泉寺）、曹洞の万安英種《ばんなんえいしゅ》（宇治興聖寺）らとは親交があった。しかもそれは師弟というよりも道友というに近かった。

元和六年（一六二〇）、四十二歳のとき、ふと世を厭うて出家した。得度《とくど》の戒師は先の臨済宗の大愚であったらしい。正三はこのとき大愚に法名を乞うたが、かれは「公の道価」を重しとして辞して授けず、「旧名可なり」といった。それで発音だけかえて正三《まさみつ》を改め正三《しょうさん》と名乗ったという。

四十二歳出家

出家の因縁としては、「我れは謡《うたい》を好きて謳《うた》いけるが、定家の謡に「古《ふる》ことも今の身も、夢も現《うつつ》も幻《まぼろし》も、ともに無常の世となりて」という処が、ふと乗りてより思いつきけり」とも、「十八、九の比《ころ》、暁起してちょっと青霄《あおぞら》を見る、因《ちなみ》に「青天は平等にして、彼我《ひが》の隔《へだ》てなきが、我々は何とて彼我の情を生ずるぞ」と、疑い起りてより思いつきたり」とも伝える。「我れは出家すべき因縁ありて出家」したとは、後年のかれ自身の言葉である。

出家の事情を門人恵中《えちゅう》の聞き書である『驢鞍橋《ろあんきょう》』は、次のように伝えている。

我れ四十余の時、しきりに世間いやになりける間、ご穿鑿《せんさく》あらば、無理に世間いやに候間、かくのごとく罷《まか》り成《な》り、曲事《まがごと》と思召《おぼしめ》さば、ご成敗あれと罷り出でて、腹切らんと思い定め、ふと剃《そ》りたり。番頭《ばんがしら》やご老中に、「九太夫こそ機違《きちがい》に罷り成りたりと、お中し上げ頼み奉る」と言いければ、いたわしや、かのご老中の、「さてさていなことめされたり。人のことをよくこそ取り成すものなれ、機の違わぬ人を気違とは取り成されてこそ」と仰せありしが、時を見、ご機嫌をうかがい、夜咄《よばなし》の次《つい》で、「鈴木九太夫こそ、ふと道心を起し候」と申し上げられければ、台徳院様（二代秀忠）は如何思召されたるか、もとよりお慈悲にて、「それは道心というではない、隠居じゃまでよ」と仰せ出されたり。かの老中悦《よろこ》び、我れを喚《よ》び、「何とあらんかと思い、かようなる気遣《きづかい》したることなし。しかるにかくのごとき忝《かたじけな》き御意《ぎょい》あらんや。急ぎ継目《あとめ》を申させよ」とあるによって、にわかに今の九太夫を御礼《おんれい》申させたり。（『驢鞍橋』下　十三）

七十七歳遷化

その後正三は、「出家して諸方を行脚《あんぎゃ》し、野山に臥《ふ》し、衣食を詰《つ》め、またひところは律僧になって身を責め、三州千鳥山にあって律を行」じたりしたが、寛永元年（一六二四）岡崎城の北五里の地にある石平山（豊田市）の幽谷に草庵を結び、同九年（一六三二）、五十四歳の時、仏殿を建てて、石平山恩真寺と号した。これによって、かれは「石平」または「石平道人」と呼ばれた。しかし、正三はかならずしもこの地にのみ留らず、諸方を行脚して修行をつづけたが、寛永十六年（一六三九）、六十一歳の時、「はらりと生死《しょうじ》を離れて」大悟したという。もちろんこのとき始めて悟ったというのではあるまい。かれの禅体験については後節でくわしくのべたい。

その前々年かれが五十九歳の時、島原の乱が起り、弟三郎九郎重成は松平伊豆守に従って軍功があり、乱後もその地の経営に与り、さらに寛永十八年（一六四一）には天草の代官職を命ぜられた。このとき正三は六十三歳の老いの身をもって、弟と共に任地におもむき、その政治を助けて、キリシタンの影響を除くために力を尽し、かの地に三十二の寺院を建立、みずから著わした『破吉利支丹《はきりしたん》』一巻を寺ごとに収めた。

慶安元年（一六四八）正三は七十歳で江戸にのぼり、同三年には森川某の喜捨になる四谷の重俊庵に、同五年には熊谷某の喜捨になる牛込の了心庵に住して、四来の道俗の教化に当った。

明暦元年（一六五五）病んですでに死期の迫ったことを感じた正三は、身辺一切の処理をつけて、駿河台の弟重之邸に移った。その屋敷の傍らに、二間四方の小座敷があるのを見て、「よき死に所見つけたり。これにて死せんずよ」といって、そこに住んだ。そのときある僧が容態を見舞うと、笑って「正三は三十年前に死して置きたり」と言ったが、その年の六月二十五日、「安然として遷化《せんげ》」した。時に正三、七十七歳であった。

正三の著述活動

正三一代の教化の跡の言行は、『驢鞍橋《ろあんきょう》』三巻にくわしいが、正三には、弟子たちが「師第一の法典なり」「師法の大数、この中に尽せり」といった『万民徳用《ばんみんとくよう》』と、かれみずから「我が言うほどの事は、徳用・草分に書く。そのほかは言う事なし」と言った『麓草分《ふもとのくさわけ》』

の二主著を始め、『盲安杖《もうあんじょう》』『二人比丘尼《ににんびくに》』『念仏草紙』『破吉利支丹』『因果物語』『反故集《ほごしゅう》』その他の著書がある。すべてかな法語である（『反故集』のみは没後の編集）。

しかし、正三の真面目をもっともよく活写したものは、やはり門人恵中の集録になる『驢鞍橋』に及ぶものはない。晩年の正三に親炙《しんしゃ》したかれの聞き書きには、正三禅の宗風——二王勇猛の禅・果《はた》し眼《まなこ》の念仏・死に習う仏法・浮《うか》む心沈む心・仏法即世法の提唱等々、三百年をへだててさながら正三その人の肉声による法話を聞く思いがする。この書は、正三の死後五年して万治三年（一六六〇）に片かなまじりで初版が刷られ、その後寛文九年（一六六九）にそのまま重版している。昭和二十三年には鈴木大拙先生の手で岩波文庫に収められたが、惜しいことに現在は絶版である。筆者は以下、昭和四十二年三月に再版された鈴木鉄心老師編の『鈴木正三道人全集』を参考に、片かなを平がなに改め、また文字を読みやすくして、引用することにする。

正三の嗣法について

正三が禅僧として正統の嗣法をしていないという批判は、すでに早くからあった。次の二書はともに『驢鞍橋』の編者恵中の著といわれるものからの引用である。

客曰く、石平は見性《けんしょう》の分ありといえども、血脈を相い続《つ》がず、無師自証なる間、新法の外道《げどう》なり、と難ずる者あり。この義如何。

これに対して門人恵中は答える。

この事《じ》は、自知自得、以心伝心なり。これを血脈貫通という。ほかに書図を伝えて衣を伝うるは、信体の為にして真にあらず。

と。(『草庵雑記』下　三丁)

問う、「あるが曰く、石平すでに無師自証なるときんば、これ天然外道なり、と。如何。」答う、「ああ、これ何の言ぞや。師はすなわち見性明悟す。しかりといえども、時に正師なきが故に、確《か》く威音王の戒を守って、かつ師家《しけ》を立せず。ただ学地にあって、正法を用いて、衆生を利楽す。何の大幸か及ばんや。しかるにいま、未行未証の紙伝仏伝、および倥侗盲嗣《こうどうもうし》の菓子盆長老あり、すべて自己の非を知ることなく、かえって誹謗《ざん》の言をはく。あたかも井鮒《せいふ》にして巨鼈《きょべつ》を笑うに似たり。法を知る者は懼《おそ》る。何すれそ慚《ざん》愧《き》なきや。」(『石平道人行業記弁疑』(以下、『弁疑』と略記))

これによって見ると、正三はついに正規の嗣法をしないままで通したらしい。これは禅僧としては無法な型破りである。しかし難者もまた「石平は見性の分ありといえども」と断わっているほどの正三である。誰でもがまねてよいことではないけれども、ここは一応恵中の弁明を了承しておくよりない。ただ禅語には「倒一説」の句もあることだから、正三が禅者として嗣法の形式をととのえなかった罪を弁護することはできない。

しかし、それをあえてしなかったところに、正三の見識があった。愚堂（一五七七―一六六一）は妙心開山関山国師の三百年忌に、「二十四流日本の禅、惜しいかな大半その伝を失う。関山幸いに愚堂の在るあり、続焰聯芳三百年」という香語を作った。ところが、大愚がそれをとがめて、「わしがいることを忘れたか」と抗議をしたので、愚堂も苦笑して、転句を「関山幸いに児孫の在るあり」と改めた、という有名な話がある。そうした愚堂や大愚を道友にもっていた正三であった。みずから崖《がけ》に倒《さか》しまにかかる法花（石圧笋斜出、崖懸花倒生）になろうとすれば、証明の師に事かく正三ではなかったはずである。

問う、「石平は何れの流に依れるや。」答う、「先祖已来、曹洞禅門に帰す。殊に洞上の密修を信ずること至って深し。これによって知んぬべし。」（『弁疑』）

前述のように正三は臨済宗の大愚のもとで得度したらしい。にもかかわらず、かれが島原に建立した寺院三十二ヵ寺の内、徳川家に礼をつくした浄土宗の一ヵ寺を除いて、あとはすべて曹洞宗に属している。石平山恩真寺も現に曹洞宗である。かれみずからまたいう――

今時、(臨)済家の風は、如何にもけわいすまして打ち上り、上手になりておらるる間、何としても仏法起りがたかるべし。後来必ず曹洞宗の土田夫の家風より、法起ることあるべし。(『驢鞍橋』下　六十三)

以上でみると一応正三は曹洞宗に属したかのようである。とは言っても、かれは必ずしも宗祖道元にさえ全面的な帰依をささげてはいない。次のような語がある。これはとうてい通例の曹洞宗門の僧侶の言葉ではありえない。

道元和尚などを、隙《ひま》の明《あ》いた人のようにこそ思わるらん。未だ仏境界にあらず、その自由になるものにあらず。(『驢鞍橋』下　百二十一)

こうなると、まことに一匹狼としての正三道人の面目躍如である。しかしこれはまた、「一世や二世で自由になるべしとは思うべからず。我れもよく筋を弁《わきま》え、たしかに種を取ったれども、自由は得ぬなり」(『驢鞍橋』中　八十七)という、かれ自身の深い宗教的な自省の言葉の裏返しでもあった。そのことは後でのべる。とまれわれわれは門人恵中の次の一句でこの節を結びたい。

正法の中興と得て称すべき者は、それただ石平道人か。(『弁疑』)

二　曠劫多生の修行

『驢鞍橋』の三つの特色

『驢鞍橋』を読んで感ずることが、三つある。まず第一は、正三の修証（修行と悟り）に対する態度のきびしさである。禅者は口を開ければ「頓悟《とんご》」をいい、「一超直入如来地《いっちょうじきにゅうにょらいじ》」と説く。しかるに正三は我れにも人にもまことにきびしく、修行は「曠劫多生《こうごうたしょう》」をかけて修するものだという。第二は、その有名な「二王禅」の提唱であり、第三は、正三の「世法即仏法」すなわち今日のいわゆる「在家仏法」の主張である。以下、われわれは右の順序で見てゆくことにする。まず、正三自身の修行中の逸話、およびかれ自身の修証に対するきびしい内省の文章から引く。本節は、なるべく引用を多くすることを旨として、解説はつとめて簡略にする。

わが口よりは清し

一日食事の時、愕然として曰く、「さても食するもいやなことかな。一粒に百手の功当るというが、考えて見るにそのはずなり。我らがようの者が、むだと食うはずではない」となり。（『驢鞍橋』下　四十六　以下『驢鞍橋』の三字を略す）

一老兄《ろうひん》、予（恵中）に語って曰く、「師この前、三州にて一大事に責められ、黄なる啖《たん》を吐き、近処の者驚くほどのといきをつきたもう。傍よりは、直《じき》に胸中燃えたもうかと思われたり。その時分は、暁方《あけがた》一睡のほか睡《ねむ》りたまわず。我らに向い、「さても心安く眠ることかな」と、夜毎に仰せありし」となり。（下　百三十四）

一僧云く、「親しく出入《でいり》仕《つかまつ》る何某、師を誹謗すると承る。向後かれが出入を留めん」という。師曰く、「何ほど言われても正三は秘蔵なり。飽《あ》くほど言われたし。これ吾が師なり。必ず出入止むべからず」となり。（下　六十九）

一日さる処に出でたもう時、小用の次《ついで》で、路の傍なるたまり水にて、口を灌《すす》ぎ手を洗いたもう。一僧「清くもなき水なり」という。師曰く、「我が口よりは清かるべし」となり。（下　七十）

物知りたる姥かかなり

一日さる和尚の処に至りたもう。かの和尚、折ふし近里の長老衆七八人を集めて、『正宗讃《しょうじゅうさん》』を講釈したもう。和尚対話の次《ついで》に曰く、「正三この長老衆の為に、後生物語したまえ。」師曰く、「なに禅門がご長老たちに、後世雑談申さんや。」和尚曰く、「いや、うばかかに語るように語りたまえ。」師曰く、「さらば、その言につけて申すべし。いずれもは、姥《うば》かかにあらずと思召《おぼしめ》すか。耳より取り籠《こ》んだることをのけ、跡を算用してご覧ぜよ。惜しいも貪《ほ》しいも、憎い愛《かわ》ゆいも、うばかかに変るべからず。ただ物知りたるうばかかと思《おぼ》しめす」とありければ、長老衆大いに非を知られたり。（下　六十七）

また正三には「ただうばかかのように念仏したるもよけれども、それでもまた人の為になりがたし」（下　十）の語があり、先の盤珪の語（八七―八八頁）にも照応しておもしろい。

さる俗士来り、「某《それがし》いままでついに仏法承らず、油断者なり」といって、法要を問う。師曰く、「いずくにても聞きめされぬが仕合《しあわせ》なり。もし聞きめされたらば、とく悟って隙《ひま》を明《あ》けめさるべし。総じて聞きて合点して置くことにあらず。ただ修し行じて、少しずつも心の垢《あか》を抜くことなり。暗き心も明るくなり、弱き心も強くなるように修することと、まず大筋《すべ》を心得めされよ」となり。（下　八十六）

頓悟成仏は下根のため

未《ひつじ》の秋、江州にて何某殿、予に語って曰く、「ここもとにおん入りの時、我ら朋輩衆と、師の側に臥しけるに、師夜半にふと起き、左右に向いて、「我れ只今頸《くび》を取られたるが、勝つことは勝ったなり。何と乗りめされたるか」とありしなり。また次の夜、師の修行の始末を尋ねければ、師曰く、「『渺《びょう》々《びょう》たる滄海の一粟《ぞく》、我が性の須臾《しゅゆ》なることを知る』という句の乗りたるなどが始めなり。実に浅ましき物を秘蔵することかなと強く思われたり。その時分の心あいは、『盲安杖』ほどの位なり」と、これを始めとして、次第に修し上《のぼ》せ、心の易《か》わる段々を、宵《よい》より暁まで語りたもう。我れ指を折りて数うるに、たしかに六十一段と覚えたり。これ十年以前のことなり。さぞこの間にまた大いに変りたまわん」となり。（下　百四十七）

夜話の次《つい》でに曰く、「八万余経を説きたもう仏のみ心は、さてもさても広大なることにあらずや。また煩悩にも八万四千の名をつけたもうなり。其方《そのほう》たちは煩悩に名を如何ほどつけめされんや。我れはやっと三十ばかりつけんと思うなり。人々《にんにん》、我が煩悩にさえ名をつけえざるに、八万余経のご工夫などは、さてさて出しも出したり。無量無辺のお心かな」となり。次に語って曰く、「さる教者の「頓悟成仏は下根《げこん》の為なり」と、仏説にありと言われけるが、誠にしかるべきことなり。何が五十二位を歴《へ》尽くし、一から十まで、ひら責めに責め尽くして、多生までもかけて尽くす義なれば、下根の及ぶ処にあらず。さてまたまず一理を見得さするの道理は、げにも下根の為なるべし」となり。

（下　六十二）

今に糞袋は秘蔵なり

次は正三自身の禅経験の告白である。一度徹底悟れば正念《しょうねん》相続さえも要《い》らぬと、理《り》の上での悟りを高調する禅者の多い中に、正三の脚《あし》実地をふまえた事上《じじょう》の内省は、かれが二王禅の主張者であるだけにいっそう刮目《かつもく》されねばならない。

我れも、『宝物集』にて、諸行無常の文に、雪山童子、命を代えたもう因縁を見て、ひしと諸行無常の意移りたり。またその後六十の年、さる暁、寅《とら》の刻、仏の、三界の衆生を一子のごとく思召《おぼしめ》すみ心ひしと移る。誠にその時は、蟻螻《ありけら》を見ても、生涯を楽しみ苦しむありさま憐れに思い、何とぞ救う方便あらんやと、髄に透って思われたり。その心も三日乗りて失す。さりながらこれは今に徳になりしなり。それよりして、少し慈悲心起れり。

また見性《けんしょう》の位もなきにあらず。これも六十一の歳八月廿七日、明くれば廿八日の暁、はらりと生死を離れ、たしかに本性《ほんしょう》に契《かの》う。その当意は、ただ無し無しと躍《おど》ってばかりありたき心にてありしなり。誠にその時は頸《くび》を切らるるとも、なしなしで毛頭も実なく思われたり。三十日ほどかくのごとくして過しけるが、我が思うに、いや我れに似合わぬことなり。ただ一機の上にて移りたることなるべしと思い、こちより打ち捨て、本に取って帰り、かの死を胸の中へぼしこんで、強く修し行ぜしなり。案のごとく皆な虚事《そらごと》にて、今に正三という糞袋は秘蔵なり。（下　十三）

夜話の次で、一僧「このごろ修行少しだるみたる」という。師曰く、「それは我が知らぬことなり。我れはじりじりとただもの次第強《づよ》に強まり、ついには六十余にして、莫《まく》妄想《もうぞう》の意ふと乗りたり。ただその時は、莫妄想莫妄想と躍《おど》ってありたき心にてあり。実に頸を切らるるとも、うそになっていそうにありしなり。しかれども、打ち捨て、自己に取って還り、さまざまこね来れども、今に糞袋の秘蔵の念は休まず。さても実というものは深きものかな」となり。（下　百二）

八十まで修すれど隙はあかぬ

一日語って曰く、「我が機、去年の春の比《ころ》までは、強き弓を張り立てたごとく、またかんよき馬のかけ出すを、きつと引き詰《つ》めておるように、機はずみおりけるなり。今年は少し機の位、おとなしく覚ゆ。だるむべき子細なし。少し熟したるかと思うなり。」（上　四十四）

さる暁云く、「総身に入り渡って大事になっておるが、まだ隙明《ひまあ》かぬなり。さてさて古人などの修しおおせられたるというは、でこう強い修行なるべし」となり。（下　九十二）

一日衆に向って曰く、「我れこの前、よう娑婆捨《すた》ったと思いたるが、今思うに、そでもなきことなり。さぞ今のも、まだでこう、そではあらじと思わるるなり。」（上　十七）

このごろも済家僧の十八、九になる人を、見性の人とて尊ばるる由聞き及ぶ。さようにたやすく悟道するものならば、我れも、はや仏・菩薩にもなるべし。若うより心がけ、胸中もゆるように大事起り、八十まで修すれども、隙《ひま》は明《あ》かぬなり。（下　十三）

今にこの糞袋は惜しきなり。その方も、今より出家して八十まで修して見られよ。何の変りもなきものぞ。（下　十三）

自由に使うことはならず

夜話に曰く、「実有《じつう》ということ離れがたきものなり。我れも人も家屋・金銀、万事目の前にぎらりっとあることなれば、如何にしても無しとは思われぬなり。とかく本性を見ずんば、実有は醒《さ》むべからず。我れもこの時節には逢うたれども、自由に使うことはならず。平生この蛆袋《うじぶくろ》に眼を着けて、行住坐臥、大小便裏、少しも指《さ》し置かず、「咦《い》咦《い》、すだわごとの苦体めかな」と、きっと睨《にら》みつけている機強く備っておるなり。しかれども、まだはらりっと隙は明かぬなり。さりながら、我が見解《けんげ》も少しなれども、これほどにてもまた使わるることあり」となり。（上　八十九）

一日示して曰く、「『四民日用』には、浮ぶ・沈むの機の位、大筋を書き、『草分』に細かに心の用いようを書くなり。義の段・願力の段・捨身の段・自己の段、この四段をよく見て用うべし。実有を離るるの段は、見性の分なくんば少しも用いらるべからず。我が書き置く処のごとく、実有を離れたらば仏境界なるべし。見性の人も、常住あのごとく用い得べからず。我れも久しく強う用うれども、実は醒めぬなり。この前は強弓を引っぱったるがごとく、機の位ありけるが、今少し老《おとな》しくなりて覚ゆ。この前は、我れは覚えざるが、不断《ふだん》眼すわって見えたり、と人いえり。誠に過去より種を持ち来る人は知らず、一生に勢《せい》を出し、種を取ることは、我れほどのも多くはあるべからず。我れもたしかに種は取ったなり。八万地獄の底に落ちたりとも、はや種は落さぬなり。総じて怨霊《おんりょう》となるほどの機なくんば、種となるべからず」となり。（上　九十）

たとい「見た」（見処）といっても、それが「自由に使われない」（用処）うちは、まだ真に「見た」ということはできない。それで「まだはらりっと隙は明かぬ」けれども、「たしかに種（仏の）は取った。」だから「我が見解《けんげ》も少しなれども、これほどにてもまた使われるという。ここらあたりの厳粛綿密な文字をしっかりと見ておかないと、いわゆる「二王禅」の勇猛の一機だけでは正三道人の禅の真相を見誤ることになるであろう。

たしかに種はとった

我れも八十まで生きたれど、何の変りもなし。さりながら、我れはたしかに種は取ったなり。その方もただ種を失わじと、きっと守り終るべし。前《さき》は地獄へも、何《いず》くへも行け、体は何たる体にもなれ、何となっても大事おりないぞ。我れも人も、ただ種を失わずして、出《いで》ては修し修しすることとなり。（下　百七）

ここから正三のいう「曠劫多生《こうごうたしょう》」の修行が始まる。それでは正三が「たしかに取った」という仏の「種」とは何であろうか。これに対して正三はいう、「成仏とは、「本来空」になることである」と。別の言葉でいえば、「ほっかと大夢さめ、はらりと実有やぶれ、生死を出て、一切を離れて、大安楽に住す」（中　八十七）ることである。さらに言葉をかえていえば、「本来空」とは「無我」ということにほかならないが、どうすれば人は「無我」になれるか。これに対して、正三はみずからの体験の秘密を次のようにもらしている。

夜話に曰く、「何と勤めても無我になれぬものなり。何も修して見て合点せらるべし。ここに一つ取り代え物あるをもって、我れは少し無我になりたると覚ゆ。ただ人をよくしたい、よくしたいと強う思うばかりにて、我れを忘れたり」となり。（下　二十五）

また、こうも言っている。

仏法のすべ（筋）を直したく思うと、人をよくなしたしと思う念は強くあるなり。このほかに他事なし。（下　六十二）

「大悲」が「大智」をみちびくのである。逆に「大智」が「大悲」として流れ出るのである。いな「大悲」が「大智」で、「大智」が「大悲」なのである。そしてこの智にして悲なるあるもの（那一物）が「曠劫多生」生々世々《しょうじょうせせ》に生きてはたらく、それを「血脈貫通」（一〇四頁参照）というのである。これを「真の嗣法」というのである。

一日さる人来って成仏を問う。師示して曰く、「成仏というは、本来空になることなり。元のごとく、我れもなく人もなく、法もなく仏もなく、一切にぐっとつっ離れて、手を打ち払って隙《ひま》を明《あ》くることなり。悟りにても何にても有《あ》らば、そではなきなり。婆《ば》子焼庵《すしょうあん》の古則など、よき証拠なり。」

また曰く、「隙なき人、折々来ること無用なり。我がいうほどのことは『徳用』・『草分』等に書く。あのほかはいうことなし。これをよく見らるべし。」

かの者、「随分修行仕れども、少しも上らず」という。師曰く、「たやすくなることにあらず。そのように安くなることならば、我れは羅漢にも菩薩にもなるべきが、いまだ餓鬼・畜生を離れず。しかる間、次第強《づよ》に修すべし。いったん頭《こうべ》の火を払うようなりとも、跡つづかざれば、用に立たず。急になることと思わば退屈すべし」となり。（上二十四）

「婆子焼庵」の公案およびその白隠下の見処については、小著『公案　実践的禅入門』を参照せられたい。この公案について正三は、僧の無語に代って、「法すらなおまさに捨つべし。いかにいわんや非法をや」（中　六）と言っている。「本来空」ということは、「一切にぐっとつっ離れて、手を打ち払って隙を明く」ことであるなら、迷いや非法はいうに及ばず、悟りでも法でも何にても、有《あ》れば、断じてそれ（本来空）ではないということになる。

まず餓鬼を出て人間になるべし

一日僧に示して曰く、「我れも悟りなどということを知らず。其方《そのほう》たちもさようのことを求めずとも、人間に生を得、出家となりたる功徳に、なにとぞして餓鬼道を免るべし。殊に今時の出家は餓鬼心深きなり。まず小僧より智者の名を貪《むさぼ》り、人に勝らんことを思う智欲餓鬼あり。そののち江湖《ごうこ》頭《とう》餓鬼・転衣餓鬼・寺餓鬼・法幢《ほうどう》餓鬼・隠居餓鬼、この念を本《もと》として、あらゆる餓鬼心を造り出し、片時も安きことなく、一生空《むな》しく餓鬼の苦に責められ、未来永劫この念に引かれて、三悪道に堕すべき類《たぐい》ばかりなり。必ず用心して餓鬼道を免れめされよ。また人に娑婆を授けらるることなかれ。あるいは「汝を長老になさん」といい、または「よき偏参僧なり、学問を休するは惜しきこと」などといい、とかく「其方《そのほう》身上を持たせん」などと言わば、みな娑婆を授くる人なり。今時娑婆を奪う人一人もなく、みな名利《みょうり》を授くる人ばかりなり。よくよく用心して、娑婆を授けらるることなかれ」となり。（上　五）

一生に成仏せんと思うべからず

一日、老僧来りて法要を問う。師示して曰く、「工夫修行なるべからず。ただ小庵に安居《あんご》して、昼夜経咒《じゅ》を誦《じゅ》し、無縁法界を弔《とむら》い、日用を送らるべし。何と礼拝などせらるるや。」かの人「なかなか三拝を仕る」という。師曰く、「そのつれにて何として真実起るべし。せめて五百礼も千礼もなし、身心を責めて業障《ごっしょう》を尽くすべし。また一生に成仏せんと思うべからず。曠劫多生《こうごうたしょう》をかけてすることなり。何とぞ今度、餓鬼・畜生を出《いで》、

せめて人間にならるべし」となり。（上　二十六）

一日示して曰く、「見性の分ありても、なおなお強く修することなり。なかなか隙《ひま》の明《あ》くことにあらず。しかるに今時は、少し見解あらば、はや修行成就と思い、師家《しけ》を立て、また人を印可するなり。すべ大いに差《たが》えり。たとい見性の位ありとも、仏境界にてはあるべからず。何を印可することか知らぬなり。もし強く修し透って、仏祖と一枚の境界《きょうがい》に至りなば、始めて印可を受くべし。それさえまだ超仏越祖《おっそ》ということあり。大国にても、はや法のすべは久しゅう差《たが》い来れりと見たり」となり。

また曰く、「たとい意など移りたるとも、境界は五生や十生修して尽くることにあらず。さても多生にも至りがたいことかなと、三世仏の境界をよく見届けたなり。しかる間、我れその境界に至ったということはならず。三世仏の境界の位をたしかに見届け、また五百年以来、法の筋差《すべたご》うたということは、何時も火石を執《と》るべし。誠にこの段においては、たしかに証拠にならんず」となり。（下　十六）

「境界（禅者としての心境）は五生や十生修して尽くることにあらず」「三世仏の境界をよく見届けた」という正三は、五百年来仏法の筋《すべ》が差《たご》うたという「証拠」に立とうという。「釈迦も達磨も今なお修行中」の語を、単に「利他」の修行とのみ見てはなるまい。それでは正三が見届けたという仏境界にとどかない。「白雲未在」などの公案の真意もここにある。

ならぬということを言い置く

「昔も実に隙の明きたるは釈迦ご一人なるべし。そのほかの祖師、殊に我が朝の伝教（最澄）・弘法（空海）、まだ仏境界には遥かなるべし。」（下　百七）

夜話に曰く、「古《いにしえ》の祖師たちにも、修行熟せるは少なしと見えたり。おおかた小見解を是《ぜ》とし、経文語録をもって法語を書き、教化などして語録等を残されたると思うなり。なければこそ、強く心を修した位を、誰でも書き残したる人なし。みな心安く隙を明けて、ならぬということを、言い置きたる人なし。我れは末世に残すならば、何ともならぬものじゃということを、書きつけて残すべし」となり。（上　三十四）

一日、僧玄石の臨終に示して曰く、「いつまで生きても何の変わることなし。苦体の腐れ物を、一日なりとも早く打ち捨つる好事《よきこと》なり。まず今生の隙明《ひまあ》くなり。我れもこの年まで生きたれども、何の変りもなし。道元和尚などを、隙の明いた人のようにこそ思わるらん。いまだ仏境界にはあらず。その自由になるものにあらず。思いを達せぬ者、汝一人のみにあらず。誰といっても、いつまでもおん生きあっても何の変りもあるまじ。まず片時なりとも、早くこの腐れ物を打ち捨つること、さても好事なり。我れも頓《やが》て行くぞ」とありければ、その僧正念にして往生す。生年十九歳なり。（下　百二十一）

伝教も弘法も道元も「未在《いまだし》」と見た正三であったが、ふしぎに普化《ふけ》にだけは全面的に傾倒したとみえて、次のような語が書中に散見する。

僧問う、「普化は仏境界の人と承る。何ぞ度人《どにん》なきや。」師曰く、「なかなかさっさとしたる活境界にて、度人も何もあるようの機にあらず。これはよう我れ知る」となり。（下　八十九）

普化の意、道ならば三町ばかり行くほどが間たしかに移れり（移るは正三の語、客観的であったものが主体的になる意）。これは大いに徳になりしなり。我も普化ほどには、世々生々において修しつけんと思う心強う起れり。普化はたしかに仏境界の人と覚えたり。（下　十三）

云く、「普化の機移りてよりのち、かようの処（『臨済録』・今日の用処、什麽《なに》をか欠少《かんしょう》する）よう見ゆるなり。仏の処には及びなし。普化の境界ほどには、生々世々においで至らんと思う心強し」となり。（中　二十六）

三　正三の二王禅

ただにょんとして

我れ若き時より、総じて言句を持たざる性なり。今に仏法を持たず。もっとも世事のことは、名聞《みょうもん》を始め、胸中一物もなし。これによって人に逢うても、話すべきことなし。ただにょんとしておるばかりなり。人持ち来れば、応対事欠かず、我が方より工《たく》み出《いだ》して言うべきことを持たず。さりながら仏法のすべを直《なお》したく思うと、人をよくなしたしと思う念は強くあるなり。このほかには他事なし。（下　六十二）

自分は総じて言句を持たぬ性であって、今に仏法を持たず。まして世間の事は名聞を始め、胸中一物もない。だから人に逢うても、ただにょんとしておる。こちらから工み出してということを持たない、それでいてけっして応対に事は欠かない。正に「応無所住《おうむしょじゅう》、而生其心《にしょうごしん》」（まさに住する所なくして、その心を生ずべし）である。しかも仏法のすべを直したい、人をよくしたいと思う念は強くあるという。——これほどによく正三の境界を描いた文字はあるまい。にょんとしての語がおもしろい。体験の語は、常にこうした俗語で表現されてこそ、はじめて本物である。この表現の坐りの確かさは如何にも正三その人のものである。

われわれはいよいよ正三の二王禅を見る時がきた。二王禅とは何か。

師、一日示して曰わく、「近年仏法に勇猛堅固《ゆうみょうけんご》の大威勢あるということを唱《とな》え失えり。ただ柔和になり、殊勝になり、無欲になり、人よくはなれども、怨霊《おんりょう》となるようの機を修し出だす人なし。いずれも勇猛心を修し出だし、仏法の怨霊となるべし」となり。（上　一）

近年は、仏教者がただ柔和になり、殊勝になり、無欲になって、たしかに人間はよくなった。しかしまさにそのことが正三の気にいらない。正三は仏法の怨霊となるほどの勇猛心で修行させる仏教者がないことを歎く。この歎きから「二王禅」が出る。

仏像を手本にして

一日示して曰わく、「仏道修行は、仏像を手本にして修すべし。仏像というは、初心の人、如来像に眼を着けて、如来坐禅は及ぶべからず。ただ二王・不動の像などに眼を着けて、二王坐禅を作すべし。まず二王は仏法の入り口、不動は仏の始めと覚《おぼ》えたり。しかればこそ、二王は門に立ち、不動は十三仏の始めにいます。かの機を受けずんば煩悩に負《ま》くべし。ただ一頭《いちず》に強き心を用うるの外なし。

しかるに今時、仏法廃《すた》れ果《は》てて、すべ悪しくなりて、活《い》きた機《はたらき》を用うる者なし。皆な死漢ばかりなり。仏道には、活漢とて、活きた機を用うることなり。これを知らず殊勝になり、柔和になり、沈み入りて仏法と思えり。あるいは悟りたるなどと、さもなきことを鼻に上げ、狂いありく者多し。ただ我れは殊勝げなことをも、悟りげなことをも知らず、十二時中、浮《うか》む心《しん》をもって、万事に勝つことばかり用うるなり。いずれも二王・不動の堅固の機を受け、修し行じて、悪業煩悩《あくごうぼんのう》を滅すべし」

と、みずから眼をすえ、拳《こぶし》を握り、歯ぎしりして曰わく、

「きっと張り懸って守る時、何にても面《つら》を出す者なし。始終この勇猛の機一つをもって修行は成就するなり。別に入《い》ることなし。何たる行業《ぎょうごう》も、ぬけがらになってせば用に立つべからず。強く眼を着けて、禅定《ぜんじょう》の機を修し出だすべし」となり。（上　二）

「仏道修行は仏像を手本にせよ。その際、初心の者が如来像に眼をつけて、如来坐禅をしてもだめだ。ただ二王や不動の像などに眼をつけて、二王坐禅を修行するがよい。二王は仏法の入り口である。二王の気を受けて、ただひたすら強い心を用いるのでなければ、煩悩に負けてしまう。

最近の仏法者はみな死漢ばかりだ。仏道には活漢といって、活きた機を用うることが大事だ。これを知らずに、柔和になり沈み入って何のはたらきもなく、それが仏法だと思っている。あるいは悟ったなどといって狂い廻る者もいる。

わたしは殊勝げなことも、悟りらしいことも知らず、十二時中活きてはたらく浮む心をも

って心の沈まぬように心がけ、万事にただ勝つことばかり用いる。二王・不動の勇猛堅固《ゆうみょうけんご》の機を受けて、悪業煩悩《あくごうぼんのう》を滅すのだ」と、正三はみずから眼をすえ、拳をにぎり、歯ぎしりして、「きっと張りかかって（緊張して。張りかくは弓につるをかける意）守る時、何ものも面《つら》出しするものはない。始終この勇猛の気一つで修行は成就するのだ。ほかに何も要《い》ることはない。どんな行でもぬけがらになってしては役にたたない」という。

二王の機を受けて

正三はまたいう——

「古来から、この仏像を手本にして修行せよと教えた人は聞かぬが、この二王の機は何としても自分の境界に照してふさわしく、万事に用いて自由である。仏は「勇猛精進」とお経に多く説かれておるが、この機を受けないで煩悩に勝つことはありえない。だから二王の機を受けることをよく知るべきである。無精《ぶしょう》ではこの機は移らない。修行にはもっぱら仏像に眼をつけて二六時中金剛心を守るべきである。」

一日示して曰く、「仏道修行というは、二王・不動の大堅固の機を受けて修すること一つなり。この機をもって身心を責め滅すよりほか、別に仏法を知らず。もし我が法に入らんと思う人は、機をひっ立て、眼をすえ、二王・不動、悪魔降伏の形像の機を受け、二王心を守って、悪業煩悩《あくごうぼんのう》を滅すべし。

古来より、この仏像の沙汰したる人聞かねども、如何にしても、我が胸に相応して用いて万事に自由なり。仏は「勇猛精進」と諸経に多く説きたもうと見えたり。この機を受けずして、煩悩に勝つことあるべからず。第一に、仏像の機を受くるということをよく知るべし。無精にしてこの機移るべからず。もっぱら仏像に眼を着けて、二六時中、金剛心を守るべし」となり。(上　三)

修行というは勇猛の機一つだ。如来坐禅と二王坐禅と隔てはない。それは外に現わしたのと内に用いたのとの違いだけである。自分はこの二王の機を少々修行できたので、人々にそれを移そうと思うて努めてきたけれども、まだ一人も受け取ってくれた者がない。こう歎く正三である。

一日曰く、「仏像の機を受くることは、我と受けねば言うては聞せがたし。合点しても、機に受けねば用に立たず。我れこればかりを言えども、受けたる人一人もなし。」(上　六十二)

一日示して曰く、「修行というは勇猛の機一つなり。この心なくんば、何たる行業も、何たる善心も、皆な徒《いたず》ら事なり。如来坐禅と二王坐禅と、あまり隔てあるべからず。面に現わしたると、内に用いたるの変りなるべし。勇猛の機なくして、なにとして凡夫にて死するとき少しも使われんや。またなにをもって一切に勝つべきや。我れはこの機を頓《やが》て修し出たる間、人ごとに頓て移らんずと思えども、一人でも受けたる者なし。しかればこれまでも修しつけがたく、移りがたきものと見たり。」（上　八十一）

眼を見すえて死に習う

時にさる者問う、「如何ようにしてこの機を修し出すべきや。」師示して曰く、「眼を見すえて死習《しになろ》うほかなし。この糞袋をかたきにして、ひた責めに責むべし。我が書く処の捨身の位、自己を守るの位をよく見て修せば、必ずこの機自然に起るべし」となり。（上　八十二）

「修行というは機を抜かさぬこと一つ」（下　七十八）である。正三はいう。「眼を見すえて死に習うほかはない」と。「死に習う」という正三の造語に注目せねばならぬ。それは「この糞袋をかたきにして、ひた責めに責」める「捨て身」の修行である。かれはこれをまた「自己を守る」とも「金剛心を守る」ともいう。「死に習う」については後述することとして、まず「自己を守る」の語から見てゆきたい。

自己を守る

師示して曰く、「仏道修行というは、自己を守ることなり。曹洞宗に、老僧も小僧もいうことなり。自己を取り放《はな》したりと、これ好《よ》き詞なり。これによって、自己を忘るべからずということを、『草分』の中に書く、この段をよく見るべし。修行の肝要は、自己を守る一つなり。一切の煩悩は、機の抜けたる処より起るなり。ただ強く眼を着けて、十二時中、万事の上に機を抜かさず、急度《きっと》張り懸って守り、六賊煩悩を退治すべし。夢中ともに抜けぬほどに守らで叶《かな》わず、随分守ると思うとも、覚えずぬけて、かの煩悩に負くべし。ともすれば、意馬妄想の叢《くさむら》にかけ入り、心猿名利の梢《こずえ》にひょっひょっと移るべし。強く眼を着け、莫妄想《まくもうぞう》の一句を轡《くつわ》づらとなして、急度引き詰めて守るべし。刹那も機を抜かすべからず」となり。(上　四)

「一切の煩悩は機のぬけた処から起る」のだから、「修行の肝要は」「十二時中、万事の上に機を抜かさず、きっと張りかかって守り」「夢中ともにぬけぬように」「自己を守る」ことである。「きっと引きつめて、刹那も機をぬかさぬよう」にしてけっして「自己を忘れ」てはならないという。先の盤珪はここを「不生の仏心でおれ」といった。

果し眼の禅

一日諸人、勇猛心をえ受けぬという。時に師、急度吽《きっとうん》二王の真似を作《な》して曰く、「なんとこの機移るや。」また大手をひろげ、口を阿《ああ》と張り、「この機移るや。河州にてかくのごとく造りたる阿二王を見る。誰が見ても、機の移りそうな二王なり。もっとも吽もよし。そのほかは、どこで見ても、おおかたへご二王ばかりなり。」またみずから模様を作して曰く、「かくのごとくきっとねじ廻して、じりじりと懸かる処を造りたる仏像、鎌倉覚園寺《かくおんじ》の十二神の中にあり。なかなかよい威勢なり。我れにはこれが第一に相応するなり。ここをもって、果《はた》し眼《まなこ》ということを言い出して、人に授くるなり。」

また曰く、「総じて羅漢などに至るまで、機をつけて見るべし。機の抜けたる仏像あるべからず。皆な眼すわって、活きた形ばかりなり。毘沙門《びしゃもん》の、あまのじゃくを踏みつけたもう処は、自己を睨《にら》みつけて守る位なり。さて韋駄天《いだてん》なども、急度つまった処を造りたるは、よき造りよう、庫裡《くり》の本尊ともいうべき像なり。おおかた仏像は見ゆるが、大黒ばかり、措《さし》て面白くも思わず、定めてようすあるべき」となり。（上　百七十）

勇猛心を受けることができないという者に対して、正三はみずから「吽《うん》」と息を吸って吽二王のまねをして、「どうだこの機がお前たちに移るか」という。また大手をひろげ「阿《ああ》」と口をはってみずから阿二王となり、「どうだこの機が移るか」という。

また鎌倉覚園寺の二王をほめて、「果《はた》し眼《まなこ》」の禅ということを自分は言い出して人に授けるという。「眼すわって」「自己を睨みつけて守る位」を学べという。

我れはただ朝から晩まで、きっと果し眼になっておるが好きなり。我れもかくのごとく勧め、人にもかくのごとく教うるを仏法修行とす。我が法は果し眼仏法なり。（下　四十一）

「その方たちも十二時中、眼をすえ、拳をにぎり、背骨を引き立てて臍《へそ》の下より勇猛心の湧き出ずるほどに修すべし」となり。（上　百十五）

女人とても同じ

一日さる女人に示して曰く、「女人の心も仏の心も一つなり。煩悩心がそのまま菩提《ぼだい》心なり。ただ用いようの変りたるばかりなり。しかる間、心はつしと用いて、二王坐禅をし習うべし。」

時に一人あり云く、「実に如来坐禅は悪しきことなりや。」師聞きて曰く、「これ悪しきことにあらず。しかれども、上手芸を、初心の者に授くるほどに、用に立たぬなり。初心の者は、まず二王禅が好《よ》きなり。」（上　百六）

如来禅は上手芸で初心者の役にはたたない。だからはつしと用いて二王禅をしならえ。それは女人とても同じことだといって、何某の母の実例を語る。

夜話に曰く、「何某の母は、不思議の女人ではおりないか。この頃の思いつきにて、はや張り合の機を覚え、平生、器物に水など入れ持ちいたるを、さっとこぼしたき心のようにありといわれけるが、真に見かけまで進んで見ゆるなり。今日も、次の間に出て、女どものぐどつくを見て、「やれ生《なま》けた者どもかな、この機を用いて物をなせ」

と、そのまま立って、二王のまねをせられたり。我れちょっと見けるが、少しも笑《おかし》げなし。女人のこのまねは、笑しからんずことじゃが、なかなか笑げなし。少し二王の機受けられたるかと思う。さなくんば、せらるべからず。そのゆえは、今おのおの立って、まねてみられよ。なかなか笑かるべきなり。

また先日もこの人二王を造らせらるるに、出来し来るを見て、ふと阿二王の機移り、一切を吐き出したるようにありと言われけるが、まことに気色かわって見えたり。知らぬ者は、機違《きちが》い女とこそ言わんず」となり。(下　五十二)

見ている者がおかしがってふき出すようでは、気がぬけている証拠である。だから気がぬけぬように果し眼になってきっと張り懸って、天地ひた一枚の二王になる、そこから坐禅の修行は始むべきであるというのだ。果し眼仏法である。柳生新陰の奥義にも、まず「張れや張れただ緩《ゆる》みなき梓弓」という。二王禅である。そしてこの歌の下の句の「放つ矢先は知らぬなりけり」というのが、如来禅であろう。勇猛の気はもはや外に現われず、内に強く秘めて用いられる。これを「放つ位」というのである。

修行というは気を養い立つること

一日示して曰く、「初心の行者は、如何にもして真実の起るようにすべし。真実の起らざる先に無理行《ぎょう》などし、強く坐禅などすべからず。無理に根機を出し、荒行などすれば、性つかれ機へりて、何の用にも立たず。」……「修行というは、機を養い立つることなり。故に古人も長養といえり。必ず機を減らすべからず。今時無理行をなし、またぬけがら坐禅をなして、機へりて病者となり、気違いとなる者、数を知らず。ただ志を進め、真実を起すべし」となり。(上　七)

二王禅の主張者が「性つかれ機へる」無理な坐禅をするな、「初心の者に、強く坐禅などさせめさるるな」(下　四)というのだからおもしろい。二王禅は「無理に根機を出す荒行」などでないことを知らねばならぬ。「血気の勇は血気尽くれば用に立た」(中　八十六)ないからである。ひっきょう「二王の機」と「強情的努力」は別なものであることを知らねばならない。

一日示して曰く、「修行というは、なるほど強き心を用いることなり。六賊とて六処にて本心を盗むものあり。この賊は、わが心の弱き処より起るなり。しかる間、機を強く用いて、己《おの》れが心を睨《にら》みつけて守るべし。皆な聞きそこのうて、無常といわれてはへごをかき、無念といわれて、あっか坊に用いるなり。大きなる錯《あやまり》なり。なるほど強き心を守るべし」となり。(上　八)

一日示して曰く、「凡夫もとよりぬんとしたる(他の所に「機を強く、ぬんと用いて」という使い方がある)如来心あれども、六賊煩悩に責め失われておるなり。しかる

間、二王心をもって、六賊煩悩を防ぐ則《とき》んば、おのずから本心は育つなり。」（上　七十三）

「本心を育てる」ために、「無理行でなく」して、「機を強く用いる」には、どうすればよいか。禅者の本道は坐禅である。ではどんな坐禅がそれか。正三の言を聞こう。

せぬ時の坐禅

一日示して曰く、「平生禅定にておるほど、坐禅を仕習《しなろ》うべし。浄土宗には念仏をもって信心を申し起し、禅宗には坐禅をもって、無相無念の本心を修し出《いだ》すなり。しかる間、強く眼をつけて、みずから勇猛精進の心わき出ずるほど修すべし。さなくんば、かの煩悩に負けて、坐禅常住なるべからず。」（上　七十六）

「平生禅定にておるほど、坐禅を仕習え」というのは、いわゆる「せぬ時の坐禅」（至道無難禅師の語）を目標に坐禅を習えということである。これを正三は「坐禅常住」という。白隠も「動中の工夫」は「静中」に勝ること百千万億倍するといった。

夜話に曰く、「修行というもの、なかなか上《のぼ》りがたきものなり。我れ今十二時中、坐禅ならざることなし。たとえば大勢と交り、上下へかえし、相撲をとり、おどりをおどり、何ほどはね狂いたりとも、坐禅の機少しもたじろぐべからず。またよう若い時より心づきて自己を守りしが、その時分より、はや念には勝ちて、ばかされざるなり。それより次第よく修しつめ、何たることにもたじろがぬほどに仕付《しつけ》たれども、まだそれでも生死のためにはならず、なかなか大儀なものなり。」(上　十五)曰く、「総じて修行には身を使うがよきなり。」(上　二十二)「普請《ふしん》は好《よ》き業障《ごっしょう》尽《づく》しなり。業障つきねば修行上《あが》らず」となり。(上　二十三)

「我れ十二時中、坐禅ならざることなし」という。趙州《じょうしゅう》も「我れは十二時を使い得たり」といった。正三はまたこれを「万事の中に工夫をし習う」「工夫の中に万事をなす」ともいう。

　一日示して曰く、「万事の中に工夫をし習うべし。もの食う時も、もの言う時も、一切の事業をなす上にも、抜かさぬように用い習うべきなり。その心熟して、万事と工夫と一枚になる。これを工夫の中に万事をなすというなり。」(下　百三)

　ある人語って曰く、「この前、師と同道して道を行くに、折ふし路次わるく、すべる処ありければ、師の曰く、「すべり道は気ぬけず、よきものなり。その方たちを常住すべり道に立てて置きたし」となり。」(下　百四十六)

　一日天徳院の茶堂にて、僧の茶をたつるを見て、若衆に茶のたてようを教ゆべしと、

みずから茶をたつる模様をなして曰く、「莫妄想莫妄想とたつべし」となり。（下　七十四）

謡を坐禅の機に用いる

一日ある僧に示して曰く、「出家は古則を守り習うがよきなり。趙州《じょうしゅう》の無を見るべし。機を強く用い、十二時中、一切の上において、無々無々と守り、夢中ともに抜けぬほどにすべし。なかんずく死を守るは失《しつ》なし」となり。（上　六）

一日誦経の次で示して曰く、「体をすっくと持ち、機をほぞの下に落しつけ、眼をすえて誦経すべし。かくのごとくせば、誦経をもって禅定の機を修し出すべし。ぬけがらになりて誦《じゅ》せば、功徳ともなるべからず」となり。（上　十二）

曰く、「誦経は機のすわる位を本意とす。無理看経《かんきん》・抜坐禅《ぬけざぜん》などして機へらすべからず。ただ誦経をもって機のすわる位を仕習うべし、これ煉磨なり。」（下　四十四）

夜話の次《つい》で曰く、「我れ常に謡を坐禅の機に用いよということ、何も実《げに》もと思わるるや。」……「何にはよらぬ。なるほど機を強く、ぬんと用いて、娑婆の念を去り習うほかなし。何としても心娑婆に負けおるものなり。よく用心すべし」となり。（下　四十七）

一日、さる大名の奥方のごぜ来って、後世《ごせ》の用心を問う。師、小歌をもって後世を願うべしといって、これを歌わせたもう。かの者すなわち歌う。師聞きて曰く、「その哀れなる声、美しびれたる節を本とせず、胴から声を張り出して、あぶなげなく歌うべし。常にかくのごとくせば、自然に禅定の機を覚ゆべし。よく熟せば、歌わざる時も、その機用いらるべし」となり。（下　五十）

一日観世某来って法要を問う。師かれに謂って曰く、「謡を歌うべし。」かの人、行規にかかり、少しの間歌う。師曰く、「機をきっとして、胴より声をつき出して歌う時、諸念ありや。」かれ曰く、「諸念なし。」師曰く、「これすなわち坐禅の機なり。別に用心なし。常住この機を用うべし。もし熟せば無相無念の心となるべし。無相の時、物に応じて形を現ず、神男女鬼の舞、そのまま用い得て、仕方も謡も、いよいよ名人となり。仏法・世法ともに成就すべし。ただ謡をもって、坐禅を仕習いめされよ」となり。因みに語って曰く、「謡はよく作りしものなり。日本にて造りしものには、恐らくは一番なるべし。」（中　八十二）

浮む心・沈む心

正三は出家に対しては「公案」工夫をすすめている。しかし在家には、あえてそれをすすめない。それは正三にとって、「修行というは、機を抜かさぬこと一つ」（下　七十八）であるからである。そのとき無字の拈提《ねんてい》も、誦経も、謡も、茶道も、何ら変らない。いな、日常の行住坐臥がすべて修行の場となる。洞門にいわゆる「威儀即仏法・作法是宗旨」である。ただそれを「胸ふさがり心沈みて」「見かけまでも沈んで見ゆる」「物に負けて沈む心」でやるか、二王の勇猛心、すなわち果《はた》し眼《まなこ》でじりじりとかかる時の「きっと活きた機」である「物に勝つ浮む心」でやるかの違いである。それなら「仏法・世法一切を吐き出して、ただ口にまかせて謡を歌いめされよ」（下　七十九）と、謡をそのまま「坐禅の機に用いて」、「仏法・世法ともに成就する道」を、すすめる方が捷径《しょうけい》であるわけだ。と言っても、誰もが好んで謡をやるわけではない。そこで、正三が一般の人々にすすめる修行の方法が、かれの「果《はた》し眼《まなこ》念仏」である。

一日人問う、「『四民』に書きたもうところ、浮む心を如何用いんや。」師示して曰く、「虎口場に望む心なり。また果し眼になり、じりじりとかかる時の心なり。この機なくして、万事に使わるべからず。仏道修行というは、始めより終りまで、ただこの機一つをもって、生死を離るることなり。生死さえ離れれば成仏なり。しかる間、この機一つをもって成仏すべきなり。別に入《い》る事なし。見解《けんげ》などということも、さして用に立たぬものなり。毒薬変じて薬となるというがごとく、薬変じて毒となり、結局怨《あだ》となること多かるべし。見解よりも何よりも、ただ勇猛の心をもって練りつけて行くがよきなり。古歌に、悟りとは悟らで悟る悟りなり悟る悟りは夢の悟りぞ、とあり。誠に悟る悟りはあぶないことぞ。我れも悟らぬ悟りが好きなり。法然などの念仏往生も悟らぬ悟りなり。」（下　五）

正三の果し眼念仏

正三が「念仏禅」を唱えるというので、これを「沈み」込んだ他力念仏と思ったら違う。正三の造語でいえば、きっと活きた機ではたらく「浮む」心の念仏である。正三のはいわば、大自力念仏である。親鸞のいわゆる「無碍の一道」念仏である。強情的自力ではないが大自力である。

一日衆に語って曰く、「初心の者に悟りを安く授け、暫時に隙を明けさすること大罪なり。今時、世間にこの類《たぐい》多し。恐るべきことなり。我れはただ浄土宗のように念仏を申し習わする位が好きなり。その故に初心の者には、まず所作を授くるなり。」（上百三）。

前項の「棄変じて毒となる見解」の説や、本項の「初心の者に悟りを安く授ける類」は、今日の公案禅の批判としても大切な教訓であろう。では、正三の主張する「果し眼の念仏」とは如何。

さる俗士念仏の申しようを問う。師、眼を見すえ、拳をにぎり、きっと胸を張り出して曰く、「ナマダブ、ナマダブ、ナマダブと申さるべし。常住かくのごとく用いずんば、用に立つべからず」となり。因みに曰く、「修行というは、機を抜かさぬこと一つ

なり。」(下　七十八)

一日さる侍来って念仏の申しようを問う。師示して曰く、「武士の役義なる間、敵のそなえを造り立て、その中に、一筋に南無阿弥陀仏とは飛び込み、南無阿弥陀仏とは飛び込み、自由自在に入らるるほど、飛籠《とびこみ》念仏を申さるべし。」(下　三十六)

一日示して曰く、「みな行ずる処に眼を着けて強く行ずべし。まず念仏を申さん人は、念仏に勢を入れて、南無阿弥陀仏、南無阿弥陀仏と唱うべし。かくのごとくせば、妄想いつ去るとなく、おのずから休《や》むべし。たとえば事忙しき家には客来れども、頓《やが》て帰るがごとし。たとい妄想起るとも、強く勤めて取り合わずんば、頓て滅すべし。しかる間、起るところの念にはかまわず、行ずる処に眼をつけて修すべし。功重らば坐禅の機そなわり、二王の機などということも知るべし。」(上　三十五)

曰く、「大鐘を胸の中にぐゎんぐゎんと扣《たた》き込んで、南無阿弥陀仏、南無阿弥陀仏と、力を出して申すべし。悪業少しも面《つら》を出すべからず。かくのごとく平生用いて念を滅すことなり。」(上　五十七)

一人あり曰く、「某《それがし》も随分この心を滅せんと仕れども、何としても失《うせ》ず。」師曰く、「その心に逆うべからず。ただ一筋に念仏せらるべし。念仏の功つもらば、万事はおのずから失すべし」となり。(上　六十六)

この糞袋を秘蔵する念を申し消す念仏

師示して曰く、「わが後世の願いようというは、この糞袋を秘蔵する念を申し消すべしと大願を立て、日夜強く念仏するばかりなり。」（下　七十二）「ただ一切の上において、我《が》を捨て習うこと一つなり。」（下　五十九）

「総じて後世を願うというは、死して後のことにあらず。現に今、苦を離れて大安楽に至ることなり。しかるにその苦は何より起ると思うや。ただこの身をかわゆがる念より起るなり。この身さえなくんば、何か苦なるべき。故にこの身に離れたるを成仏とす。」……「力を出し、奥歯をかみ拳をにぎりて、胸をたたき、身をつねり、憎い糞袋めかなと、睨みつけて、南無阿弥陀仏、南無阿弥陀仏と」……「五臓六腑を吐き出して念仏申さるべし。」（下　七十一）

壬辰冬示して曰く、「さる者、法然上人に後世の願いようを問う。法然答えて曰く、「後世を願うというは、唯今頸《くび》を切らるる者の心になりて念仏申すべし」となり。これよき教えなり。誠にかくのごとく念仏せずんば、我執尽くすべからず」となり。（上　百二十五）

曰く、「死ぬぞよ死ぬぞよ、死ぬことを忘れずして念仏申しめされよ」となり。（上　百六十二）

曰く、「わが南無阿弥陀仏、南無阿弥陀仏というは、放下着放下着《ほうげじゃく》と申すなり。」……「放下着放下着というより、南無阿弥陀仏、南無阿弥陀仏というは、結句耳に碍《さわ》るまじきと思うが異《い》なること」となり。（上　百六十二）

一日武士来って法要を問う。師示して曰く、「後世を願うというは、この糞袋を何とも思わず打ち捨つることとなり。これを仕習うより別の仏法を知らず。我れは若き時より、こればかりを仕習いしなり。まず千騎万騎、ぬきそろえたる備えの中に翅《か》け入り、胴腹を撞《つ》きぬかれて、死に死にして死に習いしに、これは頓《やが》て仕習いて翅け入られたり。また谷底に、大蛇口を張りおるに飛び込み、角《つの》に取り着き居《い》習うに、これも頓《やが》て仕習うて、角に取り着き居られたり。ここになにもなき崖の下へ、ただ落ちて死んで見るに、なかなか張り合いなくして飛ばれざるなり。しかれども、このごろになって、少し飛ばるるかと思うなり。おのおのも、なにとも思わず、自由に捨てらるるほど、さまざま工《たく》みて、この身を捨て習わるべし。なるほど強き心を用いずして叶《かの》うべからず」となり。(上　十三)

ただ死ぬことを仕習うべし

われわれは、この二王禅の章の始めにおいてちょっと触れておいた、正三の造語「死に習う」という言葉を思い起す時にきた。正三は「修行の用心」を問う者に対して、「万事を打ち置いて」「ただ念仏をもって死に習え」という。「南無阿弥陀仏、南無阿弥陀仏と死に習って、死の隙を明けよ」という。それは「この身をかわいがる」すなわち「この糞袋を秘蔵する念を捨て習う」ことである。「身を捨つるというは、執着を離るることとなり。着の機だに離るれば、身はあっても碍《さまた》げなし。」(下　十三)「果し眼の二王の勇猛心」をもって、「機を抜かさずに」「自己を守る」ということは、実は「自由に死ぬことを仕習う」ことであった。「ただ我を忘れて念仏申すべし。我さえ忘るれば成仏なり。」（『石平山聞書』）「己れを忘れて己れを守るべし。」（『盲安杖』）「何と修行しようとも、その肝要は、身を思う念一つを離るるが体なり。」（中　八十六）「我れに離るるなり。我れにさえ離れぬれば万徳を使うなり。」（中　八十八）

　師曰く、「死して後の成仏を求めずとも、只今活きていて、自由に死ぬことを仕習え」となり。「今時の人、これを知らず、死して後、仏にならんとばかり願いて、今死ぬことをせず」となり。（中　三十八）

　一日示して曰く、「常に禅定に住し習うべしというは、常住機を抜かさぬことなり。明日死すと窮らば、無理にも機は抜かされまじ。死を忘るる故に、機は抜くるなり。歯を食《か》み合せ、眼をすえ、只今死すと守るべし。何としてもただは抜けがちのものなり。責めて憂《う》くなるほどなくては叶わず。勇猛の機もこれより出ずるなり。さてまた只今死するは眼前の事なり。油断せらるる事にあらず」となり。（下　百八）

　一日僧問うて云く、「如何にして二王の機を修し出だすべきや。」師答えて曰く、「ただ死ぬことを仕習うべきなり。我れ若き時、大勢の敵の中へ翅《かけい》入り翅入りして死習いけるが、これは頓《やが》て入られたり。またここに二三人鑓《やり》を構えておる処に懸りて、胴腹を撞《つき》抜《ぬ》かれて、死んで見るに死なれず。何としても入身《いりみ》になり、うの頸《くび》を取り、鑓を切り折

りなどして負けられず、かくのごとくさまざま死になろうとしてこの機を知るなり。」（上　百二十八）

「何とぞして殺さるることありとも、何とも思わず、頸《くび》をさし出して、自由に死ぬほどになりたさに修するなり。」（上　五十七）「自由に死なれざることを苦にし、さまざま練り鍛うとして、この旨《むね》を知るなり。わが仏法は臆病仏法なり。」（上　七十二）「臆病にしてただ死ぬことがいやなによって修するなり。」（下　十二）「死して後の成仏を求めずとも、只今活きていて自由に死ぬことを仕習え。」（中　三十八）と正三はいう。だからわが仏法は武士にこそふさわしいともいう。「われ平生果し眼になり、八幡といってねじまわして、じりじりと懸かる機になっておるなり。わが法はげにと出家には移りがたかるべし。ただ武家に移るべきなり。」（上　九十七）なぜなら「武士は天然と死を守る位あ」（『草庵雑記』上　二十六丁）るものであるからである。

ときの声坐禅

だから正三は始めから「静境によって入らしむることをせず。日本橋の市中に用い習え、また鬨《とき》の声の中に坐禅せよ」（中　三十五）と教えるのである。われわれはすでに誦経に謡に茶に「せぬ時の坐禅」を説く正三の言葉を見てきた。「諸芸みな禅定の機をもってなすのである。

一日、さる侍《さむらい》に示して曰く、「始めより忙《いそがわ》しき中にて坐禅を仕習うたるが好《よ》きなり。殊に侍は鯨波《ときのこえ》の中に用うる坐禅を仕習わで叶《かな》わず。鉄砲をばたばたと打ち立て、互に鎗先をそろえて、わっわっというて乱れ合う中にて、急度《きっと》用いてここで使うことなり。なにと静なる処を好む坐禅が、かようの処にて使われんや。総じて、侍はなにと好《よ》き仏法なりというとも、ときの声の内にて用に立たぬことならば、捨てたがよきなり。しかる間常住二王心を守り習うほかなし。

さて初心の者、二王心のほかにて、万事の上に使うことなるべからず。」

また曰く、「諸芸みな禅定の機をもってなすことなり。なかんずく兵法などは、ぬけた心にて使わるべからず」と、みずからきっと太刀をかまえたる模様をなして曰く、「みなこれ禅定の機なり。しかれども、兵法者は使う時ばかりにて、太刀をおくとはや抜くるなり。しかるに仏道修行の者は、常住ぬけずこの機を用うるなり。この故に一切負くることなし。次第に鍛練し、熟するに随って、謡や拍子のようなることにも合い、万事に相応して万徳円満なり。かくのごとく用うるを仏法というなり。」（上　百七）

一日さる処にて示して曰く、「仏法というは万事に使うことなり。殊に武士は鯨波《ときのこえ》坐禅を用うべし」といって、みずから鯨波をなしたもう。その座に不三あり、ひしとこの機を受く。師、のちにその意を聞きてこれを肯《うけご》う。（下　百十）

正三はこれをまた「あっかぼうぜんたる空々坐禅」「沈み坐禅」ではなく、「念起し坐禅」であるという。「無念とは正念《しょうねん》なり」である。「死に習う」ということは、けっして消極的なことではなく、それはただちに二王勇猛の積極的な果し眼坐禅である。「是非に生死を出離せんという大我慢」「生々世々《しょうじょうせせ》において成仏して、一切衆生を度せんと大欲」の念を持って修行するのである。

一日沈《しずみ》坐禅をなす者に示して云く、「詮《せん》なきことをなさんより、ただ死ぬことをし習いめされよ。別の事はいらぬなり。無理死《むりじに》に死に習って、夢中ともに抜けぬほどにすべし。さてまた只今打ち腐《ぐさ》る、腐り物を秘蔵しておることかな。熱い寒い痛い痒《かゆ》い、一つとして苦ならずということなし。さてもいやな苦体かなと、きっと嗔《にら》みつけて、平生、境界と張り合っておる念を起すべし。

我が上には、さも見えまいが、我れと機を着けて見れば、奥牙《おくば》を咬《か》み合せ、眼をすえて、きっと睨《にら》み着けておる機になって常住あるなり。まだよう若い時からかくのごとくありしなり。奥牙と言わねば言われぬによっていう。奥牙ではなし、奥牙と前歯との間の歯なり。これをきっと食み合せ、眼をすえ、じりじりと睨みつけておる機なり。ここをもって果眼《はたしまなこ》坐禅というなり。」

またみずからきっとねじ廻したるまねをなして曰く、「八幡と言ってこう懸った時、ここにすわった機がある、これをいうなり。この機を用いば、諸念おのずから碍《さわ》るべからず。我が坐禅はかくのごとし。

さてまた今時諸方の、念を起すまいという坐禅は、その起すまいという念が早や起るなり。念起さず坐禅の筋も作《な》して見たり。この前万安《まんあん》和尚、岩村にいたもう時、かしこに至るに、一念も起すまいとさえ思えば、石平《いしのたいら》より岩村まで、一念も起さず行きしなり。

しかれども、これも勇猛の機にて保ったことなり。それ沈んだ念起さず坊にあらず。とかく大念起らずして諸念休《や》むべからず。ひっきょう諸方は念起さず坐禅、我れは念起し坐禅なり。我れは須弥山《しゅみせん》ほどの大念を起さする」となり。（下　百九）

夜話に曰く、「我れ始め、空々坐禅をよきことに思うて、久しく用いけるが、一日、無念無心は釈迦仏に勝るはあるべからず。しかるに仏さまざま有念《うねん》を使って一代経を説きたもうは、是非を分くる上にて、無念の道理あるべし。あっかぼうぜんとしたることにあらじと思い替えて、果し眼に用いて、少し元《もと》に合うては臆病気退くなり。おのおのも、是非を分ち、万事をなす上に、無念にておる坐禅をし習うべし。」また曰く、「我れ山居を遂げざることを、この前は憂《う》く思いけるが、今は仕合《しあわせ》と思うなり。その子細は、そのままおれば、覚えずよき道者になりいて、非を知るべからず。始終世間にあるによって、足らざることを知り、凡夫にてあるなり。」ややありて曰く、「されども好《よ》くなってもおられまじきこと一つあり。我れもとより死を忘れぬ性なり。どこにあっても油断せられまじ。人に勝れてただ死ぬがいやな性なり。これによって果し眼には用いたるな

り。実《まこ》と臆病故にこそ、これほどまでもこね来る」となり。(下　三十七)
問う、「六祖大師曰く、「百物思わざれば、念ことごとく除却す。一念絶すれば則《すなわ》ち死して別処に生を受く」と。この意如何。」師云く、「あっかぼうぜんとなって、正念を絶すれば、たちまち悪趣に落つ。総じて念をもって修行はするなり。」(中　四十七)
一日曰く、「今時は修行に逢うて、我《が》を出す人なし。皆ぐどつきておるばかりなり。強く眼を着け、修し行じて、是非に生死を出離せんという大我慢を発して修すべし」となり。(上　百四十二)
夜話の次で、さる人「某《それがし》欲を離れたり」という。師聞きて曰く、「少し無欲になりたりとも、何の用にも立たぬことなり。我れはただ欲がすきなり。仏になりたき欲を持ちたる者ほしし。なに古人も人にてこそあらんず、我とても劣らんや。生々世々において、是非に成仏得脱して、一切衆生を度せんという大欲かわきがほしし」となり。(上八十三)

四　正三の在家仏法

仏法というは只今の用に立つることなり

一日示して曰く、「今時の人、仏法は悟らねば用に立たぬと思うなり。その儀にあらず。仏法というは、只今の我が心をよう用いて、いま用に立つることなり。なるほど心を強う用うるを修行とす。心の強うなるほど次第に使わるるなり。大いに勤むれば大いに徳あり。少し勤むれば少しの徳あり。たとえば万石取りには及ばねども、千石取れば、百石取りには勝るがごとし。分々《ぶんぶん》に徳を得ることなり。さてまた悟入すれば、仏境界なりと思えり。そでもなきことなり。たとい見解《けんげ》ありとも自由に使わるべからず。仏境界というは、格別のことなり。ただ悟を求めずとも、修し行じて徳に至るべし。」（上七十七）

「とかく修しさえすれば、心磨けて行くほどに、悟らずして悟るなり。今時も悟らずして悟っておる人はあるべし。さても笑止千万のことは、法の筋違《ちが》っておる故に、悟って迷う人、世に多し」となり。（上　百三十六）

「悟って迷う」「悟らずして悟る」の語もおもしろいが、今は「見解があっても自由に使われぬ」悟りより、「仏法というは、只今の我が心をよう用いて、いま用に立つることなり。

……心の強うなるほど次第に使わるるなり」という正三の語が当面の問題点である。

抜けがら坐禅をなし、あっかぼうぜんとなりて、物を思わざる処を、無念無心と思う人あり。これ大なる錯なり。かくのごとく用うる者は、機へりて病者となり、気違《きちがい》となるなり。それ、仏法の無念無心というは、一切の上に用うる無念無心なり。悲む時も悦ぶ時も、万事の上に使う無念無心なり。（上　七十）

仏法・世法二つにあらずというは、世間の上を修行に用うるなり。しかれば、また修行の功にて、世間を次第に自由に使うなり。仏法なくして、世間自由に使わるべからず。（中　八十六）

「一切の上に用いる無念無心」であれば、「仏法なくして世間は自由に使われ」ない。「死して後の成仏を求めずとも、只今生きていて自由に死ぬことを習え」（中　三十八）といった正三は、「この機を得れば、何たる事に逢うても、種を失わず、万事に自由」（中　三十七）だという。「仏は万徳円満なりと、心を自由に使うて、世界の用に立つのが正法」（上　六十九）である。「世間の三宝とて、第一世間の用に立つものなり。さなくんば、三宝の名は偽りなり」（中　八十七）「仏法は諸芸能に使う宝」（『反故集』）である。はては「世法にて成仏する」「世間をそのまま仏法に用いずんば仏法にあらず」（中　八十八）とまでいう正三であった。

世法にて成仏する

大乗仏教が「在家仏法」になるのは当然の筋道であるが、正三はわが徳川初期の社会で、これを自己の禅思想から自覚的に提唱した先覚者であったといえる。在家の世俗的生活がそのまま仏道修行であると、はっきり自覚的に説《と》いたところに、かれの禅思想の近代性がある。かれはその主著『万民徳用』に、「仏法は渡世身過《せいみすぎ》に使う宝」であるとも言っている。またみずからいう——

昔より僧俗につき、道者多しといえども、皆な仏法知りになったばかりにて、世法万事に使うということを言いたる人一人もなし。ありもこそせんずが、今までついに聞かず。おおよそ我が言い始めかと覚ゆるなり。（下　四十二）

何の事業も皆な仏行なり。人々の所作の上において、成仏したもうべし。仏行の外なる作業あるべからず。一切の所作、みなもって世界のためとなることをもって知るべし。（『万民徳用』）

本覚真如の一仏、百億分身して世界を利益したもうなり。鍛冶《かじ》・番匠《ばんしょう》をはじめ、諸職人なくしては、世界の用処調《ゆうじょととの》うべからず。武士なくしては、世治まるべからず。農人なくして、世界の食物あるべからず。商人なくして、世界の自由なるべからず。このほかあらゆる事業、出で来って世のためとなる。天地をさたしたる人もあり、文字を造り出したる人もあり。五臓六腑を分けて医道を施す人もあり。その品々限りなく出て、世の為となるといえども、ただこれ一仏の徳用なり。(『万民徳用』)

仏語に、世間に入得すれば、出世あまりなし(世間のほかに出世間はない)と説きたまえり。この文は、世法にて成仏するの理なり。しかれば世法則ち仏法なり。華厳に「仏法不異世間法、世間法不異仏法」(仏法は世間法に異らず、世間法は仏法に異らず)、かくのごとく説きたまえり。もし世法にて成仏する道理を用いずば、一切仏意を知らざる人なり。願わくは、世法を則ち仏法になしたまえかし、との念願なり。(『万民徳用』)

武士日用

修行というは、強き心をもって修することなる間、出家よりは侍よきなり。その故は、まず主を持って機に油断なし。常に大小をさし働かし、すわと言わばという機、おのずから備るなり。この機にてさえ用いられず、いわんや出家になり、機だらりとなりて、何の用に立たんや。(下　十三)

「修行のためには侍よし、出家かえって悪し」(下　十九)というのが、正三の信念であった。正三が武士に対して「飛籠《とびこみ》念仏」「鯨波《ときのこえ》坐禅」を説いたことは、すでにのべた。かれはいう――

修行というは、この身に離るることなり。まず若き衆は身を惜まず、主君に奉公をなすがよきなり。かくのごとく浅き処に身を捨て習って功を尽さば、いかようの処にも自由に捨てらるべし。身心さえ離るれば成仏なり。(上　四十九)

一日若き侍両人来り、修行の用心を問う。師、かれらに問うて曰く、「其方《そのほう》たちは何役をめさるるや。」時に一人、「広間番を仕る」という。師示して曰く、「狼藉者においては、たとい攀噲《はんそ》・張良なりとも、八幡透《とお》すまじと、きっとねじまわして番をなすべし。これすなわち坐禅なり。別に用心あるべからず。」また一人は「供番なり」という。師示して曰く、「何者にてもあれ、うろたえ者、または逆心の者出で来たらば、たちまち無手《むず》と引っ組んで、指し違えんと、急度《きっと》死をきわめ、眼をすえて供をすべし。これすなわち坐禅なり。機をぬかして供をなさば、用に立つべからず」となり。(上　百四十四)

武士としての職務に真剣であることが、そのまま仏道修行だというのである。正三はけっして武士の出家に賛成しない。むしろ武士のままで仏道修行することを、言葉を尽くしてすすめるのである。

農人日用

武州の宝勝寺で、近里の百姓たちが数十人やってきて法要を問うたことがあった。その時、正三は言った。

農業すなわち仏行なり。別に用心を求むべからず。おのおのも体はこれ仏体、心はこれ仏心、業はこれ仏業なり。然れども、心むけの一つ悪しき故に、善根を作りながら、かえって地獄に入らるるなり。あるいは憎い愛《かわゆ》い慳《おし》い貪《ほし》いなどと、さまざま私に悪心を作り出し、今生日夜苦しみ、未来は永劫《ようごう》悪道に堕するは、口惜しきことにあらずや。しかる間、農業をもって業障《ごっしょう》を尽くすべしと大願力を起し、一鍬一鍬に南無阿弥陀仏、南無阿弥陀仏と耕作せば、必ず仏果に至るべし。（上　九十八）

「一鍬一鍬に南無阿弥陀仏、なむあみだ仏と唱え、一鎌一鎌に住して、他念なく農業をな」（『万民徳用』）すことが、そのまま仏道修行である。農業生活とは別に仏法の生活があるのではない、というのである。

一日食事の次《つい》で曰く、「娑婆に出ては、なにとぞして娑婆を費したるほど責めて、娑婆に功徳を帰して行きたきものなり。」時に長老あり曰わく、「三分が一も帰す者あるべからず。」師曰わく、「いや職人の中にはあるべし。殊に百姓は娑婆を養うて、結句娑婆に負せて帰る者多かるべし。我れも百姓になりて帰したし。ああ大事なり大事なり。」

（下　九十五）

職人日用

職人問うて云わく、「後世《ごせ》菩提《ぼだい》大切の事なりといえども、家業を営《いとな》むに隙《ひま》なし、日夜渡世《とせい》をかせぐばかりなり。何としてか仏果に到るべきや。」答えて云わく、「何れの事業も皆な仏行なり。人々の所作の上において、成仏したもうべし。仏行の外なる作業あるべからず。一切の所作、みなもって世界のためとなることをもって知るべし。仏体を受け、仏性そなわりたる人間、意得《こころえ》あしくして、好みて悪道に入ることなかれ。本覚真如の一仏、百億分身して世界を利益したもうなり。鍛冶・番匠をはじめ、諸職人なくしては、世界の用処調うべからず。……手の自由、足の自由、ただこれ一仏の自由なり。」

（『万民徳用』）

商人日用

商人問うて云く、「たまたま人界に生を受くるといえども、つたなき売買の業をなし、得利を思う念やむ時なく、菩提にすすむこと叶わず、無念の至りなり。方便をたれたまえ。」師答えて曰く、「売買をせん人は、まず得利の増すべき心づかいを修行すべし。その心遣いというは、他の事にあらず。身命を天道に抛って、一筋に正直の道を学ぶべし。」（『万民徳用』）

願わくはこの功徳をもって普《あま》ねく一切に及ぼし、
我れらと衆生と皆な共に仏道を成ぜんことを。（『万民徳用』）

在家仏法

それなら出家仏法と在家仏法について、正三はどう考えていたか。

一日さる者問う、「同じ位の人にして、僧と俗とは、何《いず》れが修行の為に是《ぜ》ならんや。」師答えて曰く、「大数を言わば、出家は諸手《もろて》打ち、在家は片手打ちなり。在家は道を障《さ》うる縁多し。出家は碍うる縁少し。しかれども今時の出家衆は、みな仏法嫌いなり。俗の半分も道にすく人なし。その上機だらりとして不義心多し。さて侍は主を持ち、機に張り合いあり、また天然と死を守る心あり。結句、今時は修行は俗がするなり。さりながら大真実の人にしては、出家の人、徳大いなり。」（上　百十）

正三は死ぬとなり

最後に、正三の人と禅とをもっともよく示す逸話を一つ紹介して、この章を結ぶことにしたい。正三は死の二、三日前になって、それまでしばらく閉じていた室を開いて、諸人の見舞を受けた。時にある僧が最後の法要を乞うた。そのとき正三はその僧をはったとにらんで

言った。「何というぞ。我が三十年言うことをえ受けずして、さようのことを言うか。正三は死ぬとなり。」（下　百三十一）

「必ず死をはっしと守るべし。我れ常にこれ一つをいうなり」（下　百二十九）といった正三に、それはいかにもふさわしい。「正三は死ぬとなり」というこの一語ほど、端的に正三の禅を伝える言葉を、わたしはほかに知らない。

わが詩は詩にあらず・良寛禅師詩集

一　大愚の生涯

何も言わず涙ぐむ

良寛（一七五八―一八三一）は越後の人で、みずから大愚と号し、備中（岡山県）玉島円《えん》通《つう》寺《じ》の大忍国仙禅師の法を嗣《つ》いだ曹洞宗の僧である。まず例によって、その人となりをもっともよく示している逸話から話を始める。

良寛の生家の相続人に馬之助というものがいた。良寛の弟の由之の子の泰樹のことで、良寛には甥《おい》にあたるが、この馬之助が若いころ放蕩に身を持ちくずしたことがあって、それを心配した母の安子に、何とか意見をしてほしいと泣きつかれて、良寛は久しぶりに生家を訪ねて三晩ほど泊ったが、その間馬之助に対していっこうに意見をするようすがない。とうとう今日は帰るという日、良寛は馬之助を呼んで、草鞋《わらじ》のひもを結んでくれと頼んだ。良寛がここできっと何か訓戒でも与えてくれるのだろうと思った母の安子は、そっとものかげからようすをうかがっていた。馬之助も今日にかぎって、良寛さま妙なことを言われると思ったが、黙って言われた通りに草鞋のひもを結んだ。すると、良寛の前にかがんでひもを結んでいる馬之助の襟元《えりもと》に、何か冷たいものがポトリと落ちてきた。びっくりして眼をあげると、良寛が涙をいっぱいたたえた眼をしばたたきながら、自分を見つめている。馬之助はハッと胸をつかれた。良寛はすっと立ち上ると、何も言わずにそのまま立ち去った。馬之助の放蕩がそれを機にぴたりとやまったことは言うまでもない。良寛という人はそういう人であった。

良寛の人となりを述べた古い文章に、「師は平生《へいぜい》、喜びとか怒りをけっして顔色に出さなかった。また早口で物を言わなかった。物を食べたり飲んだり、そのたちいふるまいのすべてがゆるやかで、いったいに愚かな人のようであった。」また「その音声は朗らかで暢《の》びやかで、お経をよまれるお声は人の心の奥底に透って、聴く者は自然に信仰心をおこした」とある。

またこうも書かれている。

——良寛が二晩も泊っていると、その家の者が上も下も自然に和睦して、和気が家に満ち、良寛が帰ってのちも、五、六日の間は、みんなが自然に和して、けっして争うようなことはなかった。良寛と一度でも語ると、誰でも胸の内がすがすがしくなるのを覚えた。良寛は別に仏教や儒教のお経を説いて善い事をせよと人に勧めたりはせず、台所へ行って火をたきつけたり、座敷に静かに坐禅をされるだけであった。あんなに詩や歌のお上手な方であるけれども、その話には詩の話も文章の話も出て来ない。そうかといって、しかつめらしい道義的なお説教をされるでもない。そのお人柄は、ただゆうゆうとしていて、何とも言い表わしようがなかった。ただだまっていらっしゃるのに、人々が自然に教化された（解良栄重著『良寛禅師奇話』）。

良寛の父と母

大愚良寛は、越後国の三島《さんとう》郡出雲崎《いずもざき》に、宝暦八年（一七五八）十二月、橘屋《たちばなや》山本以南《いなん》の長男として生れた。出雲崎は、松尾芭蕉が奥の細道の行脚《あんぎゃ》の途中に立ちよって、「荒海や佐渡に横たふ天の川」という俳句を作ったといわれている所で、父の以南はその芭蕉の流れをくむ俳人であった。この父は、与板の新木氏から橘屋へ養子にきた人で、のちに傾きかけた家業を良寛の弟の由之にゆずって、自分は京都にのぼって、勤皇の志士たちと交りを結び、皇室のおとろえをなげいて、『天真録』という一書を著したが、ついには悲憤のあまり、寛政七年七月みずからその著を抱いて洛西（京都の西）の桂川に身を投じ、六十歳を一期《いちご》として相果てたといわれる。

こういう人物を父として良寛は生れた。みずから大愚と号した良寛の体の中に、この父の血が流れていたことをわれわれは忘れてはならない。父の入水をきいて、急ぎ京都にかけつけて四十九日の法要に列《つらな》った良寛が、そのあと紀州の高野山にのぼって亡き父の冥福を祈った時の作だといわれているものに、

紀《き》の国の高野《たかぬ》のおくの古寺《ふるでら》に杉の雫《しずく》を聞きあかしつつ

という歌がある。紀州の高野《こうや》の奥の古寺で、老杉から滴《したた》り落ちる雫の音を聞きながら、晩秋のひと夜を明かしたことだ、というのである。良寛ときに三十八歳であった。

母は秀子といって、佐渡の同族山本氏の出身で、父の以南より先に橘屋へ養女にもらわれていた。後年良寛は歌っている。

たらちねの母がかたみと朝夕に佐渡の島べをうち見つるかも

母の秀子は良寛の円通寺修行時代に、天明三年四月、四十九歳でなくなっている。生家（大正十一年にその跡に良寛堂が建てられた）の裏手、海上はるかに望まれる母の生国佐渡をうち見るたびに、なき母を思っては佐渡そのものを母のかたみとなつかしんだ良寛であった。

いにしえにかはらぬものはありそみとむかひに見ゆる佐渡が島なり

昔に変らぬものは荒海とその向うに見える佐渡の島だけである。この二首は「このごろ出雲崎にて」という詞書《ことばがき》があって、当時与板の松下庵にいた弟の由之におくったものである。

また、

沖つ風いたくな吹きそ雲の浦はわがたらちねのおくつきどころ

という歌もある。雲の浦は、出雲崎。おくつきどころは、墓所。なお由之はのちに雲浦《うんぽ》とも号した。

おれはまだかれいになっとらんかえ

山本家は代々名主で、石井神社の神主を兼ねていた。遠い祖先は、奈良朝の廷臣 橘 諸兄《たちばなのもろえ》卿にまでさかのぼるという旧家であった。良寛は幼名を栄蔵といい、字《あざな》を曲《まがり》と称した。十一、二歳の頃から、当時北越の四大儒の一人と称された大森子陽を師として、生家から北へ五里ほど離れた地蔵堂という所にあった私塾に通って、数年間漢学を主として基礎的な学問を学んだ。十六歳の頃に元服して文孝と名のって、父の跡目《あとめ》を継ぐために、名主見習役になったが、十八歳のとき、盆おどりの翌日、七月の十八日、出雲崎と町つづきの尼瀬という町の曹洞宗光照寺にかけこみ、のちに玄乗破了《げんじょうはりょう》和尚に得度《とくど》を受け、法名を良寛と称し、みずから大愚と号したという。

良寛の子供の時の逸話として有名なものに次の話がある。ある日父にひどく叱られたことがあった。そのとき栄蔵は上目使いに父の怒った顔を見上げていた。父は「親をにらむような奴はかれいになるぞ」と冗談《じょうだん》まじりにおどかした。すると栄蔵は幼な心にそれを言葉どおり真《ま》にうけて、かれいになっては大変だとひじょうに悲しんだ。かれいになったら、あの暗い冷たい海の中をひとり泳がなければならぬだろうと、家の裏手の海辺へ出て、岩の上にぼんやり立っていた。日が暮れても栄蔵の姿が見えないので、母親が浜へ探しに出ると、大きな牛の形をした岩の上に、涙をポロポロこぼしながら栄蔵が立っていた。母がかけよって抱きかかえると、始めてわれにかえった良寛は「お母さん、おれはまだかれいになっとらんかえ」ときいたというのである。

良寛は、そういう純粋で正直な少年であった。親をにらむとかれいになると言われると、その通りに信じて疑わぬ正直さ、かれいになることを真剣におそれた純粋さ、このことは良寛が生まれながら宗教的素質に恵まれていたことを示している。こうした人一倍感受性の強い痛みやすく傷つきやすい良寛の心が、生家の山本家が旧家とは言いながらすでにもう傾きかかって、あまり力のない中で、若くしてついた名主見習役という重責にとうていたえきれなかったであろうことは想像にかたくない。良寛の言葉と伝えるものに、「吾れは客あしらいが嫌いなり」というのがあり、伝記者のいわゆる「さっぱりとしていて欲がなくて、俗世間との交渉を嫌って、ただ本ばかりよんでいた」というような良寛が、ついに処世の道に絶望して、ひたすら内的な人生探究の道へと走ったことは自然のなりゆきであった。

良寛に少年時代を詠じた左の詩がある。

一思少年時　ひとたび思う少年の時、
読書在空堂　書を読んで空堂にあり。
燈火数添油　燈火　しばしば油を添え、
未厭冬夜長　いまだ厭《いと》わざりき冬夜の長きを。

少年時代を思うと、誰もいないがらんとした部屋でよく本をよんだ。ともしびに何度も油をつぎたして、冬の夜長を飽きもせずに読みふけったものだ。

出家・円通僧堂へ

光照寺で四年間修行した良寛は、安永八年二十二歳の時に、備中玉島の円通寺に修行に出る。それは、円通寺の住職で、師匠の破了和尚にとっても師にあたる、曹洞宗の当時の有力な師家《しけ》で、大忍国仙という高徳があったが、この方がしばらく光照寺に錫《しゃく》を留められたことがあって、良寛はその時お目にかかっており、この禅師の高風を慕ってはるばる岡山まで出かけたのである。この国仙和尚という人のことはくわしくはわからないが、のちに良寛は、「一に拽石《えいせき》、二に搬土《はんど》」と述べている。石をひき土をはこぶ、これはともに禅門にいわゆる作務《さむ》といって、世にいう勤労奉仕である。ただひたすら身を労して作務にはげみ、只管《しっかん》に如法の叢林生活をいとなむところに、その家風があったというのでもあろうか。

良寛はこの国仙和尚を師として、二十二歳の年から三十三歳の頃まで、およそ十年余を備中の円通寺僧堂で修行する。良寛にこの円通寺時代を詠じた詩がある。いま瀬戸内海の水島灘を見おろす境内の岡の上に、左の詩碑が建っている。

円通寺

従来円通寺
幾回経冬春
門前千家邑
乃木識一人
衣垢手自濯
食尽出城闉
曽読高僧伝
僧伽可清貧

円通寺《えんつうじ》

円通寺に来《きた》ってより、
幾回か冬春を経たる。
門前千家の邑《むら》、
すなわち一人だに識《し》らず。
衣　垢《あか》づけば手ずから濯《あら》い、
食　尽くれば城闉《じょういん》に出づ。
かつて『高僧伝』を読むに、
僧伽《そうぎゃ》は清貧を可とす。

古里の越後を去って、この備中の円通寺へ、はるばるとやってきてから、何度冬を越し春を迎えたことであろう。寺の門前には玉島の町家が千戸ほども連なっているが、そこに住む人を誰ひとりとして自分は知らない。衣が垢じみれば、自分の手で洗濯し、食べものがなくなれば、町へ出て托鉢をする。以前、『高僧伝』という本を読んだことがあるが、その中に「僧侶は清貧がよい」と説かれてあった。

もう一つある。

憶在円通時　憶《おも》う円通にありし時、
恒歎吾道孤　恒《つね》にわが道の孤なるを歎ぜしことを。
運柴懐龐公　柴を運んでは龐公《ほうこう》を懐《おも》い、
踏碓思老盧　碓《うす》を踏んでは老盧《ろうろ》を思う。
入室非敢後　入室《にっしつ》　あえて後《おく》るるにあらず、
朝参常先徒　朝参《ちょうさん》　つねに徒《と》に先んず。
一自従散席　ひとたび席を散じてより、
悠々三十年　悠々たり三十年。
山海隔中州　山海　中州を隔て、
消息無人伝　消息　人の伝うるなし。
感恩終有涙　恩に感じてついに涙あり、
寄之水潺湲　これを寄す水の潺湲《せんかん》たるに。

思い起すと円通寺にいた頃は、いつもわが道のきびしくひとりぼっちであることを歎いたことであった。そして柴を運んでは古《いにし》えの龐居士《ほうこじ》を懐しみ、碓《いしうす》をふんでは六祖慧能《えのう》大師の芳躅《ほうしょく》を思った。参禅入室ではあえて他人におくれをとらず、朝参の喚鐘《かんしょう》がなるといつも大衆に先んじて師匠の部屋にかけこんだ。だが、一たび円通寺の僧堂を去ってから、すでに久しく三十年にもなる。ここ越後と備中と海山はるかに国をへだてて、円通寺のその後の消息を伝えてくれる人もない。あの頃の師の恩を思うと、ついに涙があふれてやまぬ。さらさら音をたてて流れる水にその思いを寄せることである。

良や愚のごとし

こうした清貧と忍苦の精進ののち、三十三歳の年、良寛はついに大悟して、師の国仙和尚から印可を受けた。国仙はそのとき証明のしるしにと一首の偈頌《げじゅ》（禅門の詩）と一本の拄杖《しゅじょう》とを授けた。国仙和尚の証明の偈は次のごとくである。

良也如愚道転寛　　良や愚のごとく道うたた寛《ひろ》し、
騰々任運得誰看　　騰々《とうとう》任運誰か看《み》るを得ん。
為附山形爛藤杖　　為に附す山形爛藤《さんぎょうらんとう》の杖、
到処壁間午睡間　　到る処の壁間　午睡の間。

良寛はもともと愚のような男であるが、修行の結果その道はいよいよ寛《ひろ》やかになった。その任運騰々の境涯は誰ものぞきみることもならぬ。いま証明のために山から切り出したまま（本来嬢　生底《じょうしょうてい》）の拄杖《しゅじょう》を一本与える。といってもおまえには無用の印可かも知れぬが、行く先々で昼寝でもする時は壁間にでも靠《よ》せかけておくがよい。

良寛自身に拄杖子《しゅじょうす》の偈がある。

我有拄杖子　われに拄杖子《しゅじょうす》あり、
不知何代伝　知らず、何の代《だい》より伝うるやを。
皮膚長消落　皮膚　長く消落し、
唯有貞質存　ただ貞質の存するあるのみ。
曽経試深浅　曽経《かって》深浅を試み、
幾回喫険難　幾回か険難を喫《きっ》す。
如今靠東壁　如今《いま》　東壁に靠《よ》せて、
等閑度流年　等閑《なおざり》に流年を度《わた》る。

わしに一本の杖がある、いつの代から伝わったものか知らない。皮膚《はだえ》は久しい間に脱落してしまって、ただ本来の貞質《なかみ》だけが残っている。かつて行脚のみぎり、この杖で諸方の川（諸方の禅）の深浅を計り、何度か険しい難所（修行の難関）も過ぎてきた。その杖もいまはわが庵室の東の壁によせかけたまま、もう何年もほったらかして、のんびりと流れる月日を送っていることである。

国仙や良寛のいう拄杖子が、単に物質的な一本の杖でないことは、もはや言うまでもないであろう。この「山形爛藤の杖」は、道元のいわゆる「身心脱落、脱落身心」すなわち「本来の自己」の現成にほかならない。円通寺は曹洞の道場であるから、良寛はここで国仙に道元の『正法眼蔵』（または『永平広録』）の提唱を受けたらしい。そしてみずから『眼蔵』（『広録』）を読み『眼蔵』を実践することを通して、かれの悟りが触発されたことを暗示する詩が良寛にある。

憶《おも》い得たり疇昔玉島《むかしたましま》にありて、円通の先師、正法眼を提示せしことを。当時《そのとき》すでに景《けい》仰《ぎょう》の意あり、ために拝閲を請《こ》いて親しく履践《りせん》す。始めて従前漫《みだり》に力を費せしことを覚《さと》り、これより師を辞して遠く往返す。（全詩二一三—二一四頁参照）

諸国行脚

こうして良寛は仏祖正伝の仏法をわが手ににぎり、国仙和尚のもとを離れ、聖胎長養《しょうたいちょうよう》（悟後の修行）の旅に出る。良寛後年の詠に次の詩がある。

無端偶問和尚道
忽地高跳脱保社
飽飯放痾何快活
四七二三在脚下

端《はし》なくたまたま和尚の道を問い、
たちまち高跳《こうちょう》して保社を脱す。
飯に飽き痾《あ》を放つ　なんぞ快活なる、
四七・二三　脚下《きゃくか》にあり。

はからずも仏門に投じ、たまたま国仙和尚の門をたたいて修行をしたが、思う所あってたちまち高とびして僧堂から脱け出した。ひとたび気がつけば、日々の食（精神の糧にも）に事かかず病気（迷病・悟病）もせず、なんと愉快な生ではないか。西天の四七・東土の二三の祖師方も、ただ人々《にんにん》の脚下に存することだ。

転結の二句は良寛の悟りである。後述するが、ここに、「保社を脱す」という所に、良寛の面目が見える（一八〇―一八一頁参照）。

赤穂てふところに天神の森に宿りぬ　さ夜ふけて嵐のいと寒う吹きたりければ
山おろしいたくな吹きそ墨染の衣かたしき旅ねせる夜は
高砂の尾の上の鐘の声きけば今日のひと日は暮れにけるかも

次の日は唐津てふ所に至りぬ　こよひも宿のなかりければ

思ひきや路の芝草うちしきてこよひも同じ仮寝せんとは

近江路にて

ふるさとへ行く人あらば言《こと》づてむ今日近江路をわれ越えにきと

余将還郷
至伊登悲駕波
不預寓居于客舎
聞雨凄然有作
一衣一鉢裁随身
強扶病身坐焼香
一夜蕭々幽窓雨
惹得十年逆旅情

余まさに郷に還《かえ》らんとして
糸魚川《いといがわ》に至り、
不預《やみ》て客舎に寓居す。
雨を聞きて凄然として作あり。
一衣《え》一鉢《ぱつ》わずかに身に随う、
強《し》いて病の身を扶《たす》け坐して香を焼《た》く。
一夜蕭《しょうしょう》々たり幽窓の雨、
惹《ひ》き得たり十年逆旅《げきりょ》の情。

修行の僧のこととてわずかに身につけるものとては一衣と一鉢だけである、病の身を無理に起して端坐して香をたく。暗い窓の外に一夜しとしとと降る雨の音をきいていると、しみじみ十余年の旅のわびしさが思われる。

この詩の題詞は一本には「予、游方ほとんど二十年、今ここに郷に還らんとして、伊東伊川に至って、体中不預、客舎に寓す。時に夜雨蕭々」とある。

これはかれが父以南の入水の年、三十八歳で故郷に帰ろうとした時の述懐である。

土佐における聖胎長養

三十三歳で大悟のあと、いつの頃よりか円通寺の僧堂を出て、寛政七年三十八歳で故郷の越後に帰るまでの数年間、良寛は一衣一鉢行雲流水の諸国行脚の旅に身をまかせている。光照寺にかけこんでから二十年、円通寺におもむいてからでも十六年という、この長い年月の間の修行のことを、良寛自身はほとんど何も語ろうとしない。わずかに数編の詩歌のほか、良寛はあくまでこのことについては沈黙を守りぬこうとする。良寛のこの聖胎長養の行脚が、従来いわれたように中国や九州だけでなく、かれが一時四国にもいたのではないかということが、江戸の国学者近藤万丈の手記を通してうかがわれるという、吉野秀雄氏の文章はすぐれている。以下、氏の口語訳をたよりに万丈の手記を読んでみよう。

自分の若い頃（近藤万丈の若い時分）、土佐の国へいった時、城下から三里ばかりこっちで（これは高知の東三里のことであろう）、雨もひどく降り、日も暮れた。道から二丁ほど右手の山の麓に、みすぼらしい庵が見えたので、そこへいって宿を乞うと、色青く顔の痩せた坊さんが（これぞ良寛である）、ひとり炉を囲んでいたが、食いものも風をふせぐ夜着も何んにもないという。この坊さん、はじめに口をきいただけで、あとは一言も物をいわず、坐禅するでもなく、眠るでもなく、口のうちに念仏唱えるでもなく、こっちから話しかけてもただ微笑するばかりなので、自分はこいつあてっきり気狂いだと思って、その夜は炉端にごろ寝をしたが、明け方目ざめてみると、坊さんもやはり炉端に手枕をしてぐっすり寝込んでいた。あくる朝も雨がひどくて出かけられないので、今しばらく宿を貸して下さらぬかといえば、いつまでなりともと答えてくれたのは、きのうにまさってうれしかった。巳の刻すぎ（正午近い頃）、麦の粉を湯がいて食わせてくれた。さてその庵の中を見廻すと、ただ木仏が一軀立っているのと、窓の下に小机を据えて本を二冊おいてある外は、何一つ貯えを持っている様子もない。机の上の本を何であろうかと開いてみれば、唐本の荘子である。その中にこの坊さんの作と思われる詩を草書で書いたのが挟んであった。自分は漢詩は習わぬので上手下手はわからぬが、その草書は目を驚かすばかり見事なものであった。そこで笈《おい》（背中に負う脚のついた箱）の中から扇子を二本取り出して、梅に鶯の絵と富士山の絵とに賛をもとめたところが、たちどころに筆を染めてくれた。その賛は忘れたが、富士の絵の賛のしまいに、「かくいう者は誰《た》ぞ。越州（越後）の産了寛（良寛の書き損じか、記憶違い）書す」とあったのを覚えている。（『良寛和尚の人と歌』）

吉野氏はここでこう言っている。「それはたった二日間にも足らぬ片々たる記事ではありますが、あたかも小さい穴を通して広くゆたかな風景の見渡せるように、良寛の静観独坐、専念工夫の行持の全貌を察知することができるのであります。

良寛自らは沈黙しました。黙々として十六年間乃至二十年間の修行に耐えました。……この沈黙は無気味です。じいんと静まり返ったこの沈黙は恐しいほどであります。なぜなら、彼の沈黙はおのずから彼の真理追求の難行苦行がいかに充実し透徹していたかを示す以外のものでないからであります。わたしはこういう態度の良寛を信頼し、敬愛して止まぬ者であります。」（同上）

筆者はもはやこれ以上に何も加うべき言葉を知らない。まことに良寛という人間の本質に肉迫して余すところのない解明だと思う。「土佐にて江戸の万丈といえる人、一宿を共にせしと、その時のこと万丈の筆記にあり」と、すでに解良栄重の『良寛禅師奇話』にあるが、真にこの手記に血肉を与えたのは吉野氏の右の一文である。

五合庵に安住する

還郷　　　郷に還《かえ》る

出家離国尋知識　　家を出で国を離れて知識を尋ね、

一衲一鉢凡幾春
今日還郷問旧友
多是名残苔下塵

一衲一鉢《いちのういっぱつ》およそ幾春ぞ。
今日郷に還って旧友を問えば、
多くはこれ名のみ残す苔下《たいか》の塵《ちり》。

出家して故郷を離れ、善知識をたずねて、一衣一鉢の雲水の旅に出てから、もう幾年になったろう。今日故郷にかえってなつかしい旧友の消息をたずねてみると、大半は名のみ残って苔むす墓の下に土の塵となってしまっている。

少年捨父走他国
辛苦画虎猫不成
有人若問箇中意
只是従来栄蔵生

少年より父を捨てて他国に走り、
辛苦　虎を画《えが》いて猫にも成《な》らず。
人あってもし箇中《こちゅう》の意を問わば、
ただこれ従来の栄蔵生《えいぞうせい》。

年少の時代から父母を捨てて他国に走り、辛苦して修行したのに、虎を画こうとして猫にもならなかった。もしも人にこの間の心境をたずねられたら、わたしはただ昔のままの栄蔵だと答えよう。

「絵餅《かいへい》の辛苦（むだな骨折り）幾歳なるやを知らず、今日帰り来る乙子《おとご》の社《やしろ》」と歌い、「料知せよ遍参（諸方の宗師に歴参する）別事なきことを、眼根旧によって（二つの眼玉はもとどおり）双眉《そうび》の下にあり」と歌う良寛であった。「ただこれ従来の栄蔵生」は、例の有名な法身国師の「法身覚了すれば無一物、もとこれ真壁の平四郎」に通じる（「悟了同未悟」ともいう）、禅者の常套表詮の一つである。

越後に帰った良寛は、言い伝えによると、生家の橘屋の門前にしばらくたたずんだだけで、また飄然として姿を消したといわれる。これから十年近くは郷里の出雲崎を中心として、お寺や各地の草庵を転々として一所不住の乞食《こつじき》生活を送っていたが、文化元年四十七歳のときに、国上《くがみ》の五合庵《ごごうあん》に落ちついて、ここに初めて一身を託する安住の地を定めた。

いざここにわが身は老いむあしひきの国上の山の松の下いほ

良寛に「五合庵」と題する詩がある。

五合庵

索々五合庵
室如懸磬然
戸外杉千株

五合庵《ごごうあん》

索々《さくさく》たる五合庵、
室は懸磬《けんけい》のごとく然《しか》り。
戸外　杉千株、

壁上偈数篇
釜中時有塵
甑裡更無烟
唯有東村叟
時敲月下門

壁上　偈《げ》数篇。
釜中《ふちゅう》　ときに塵あり、
甑裡《そうり》　さらに烟《けむり》なし。
ただ東村の叟《そう》ありて、
時に敲《たた》く月下の門。

もの寂しい五合庵は、室の中には見るべきものが何一つない。庵の外には千本もの杉が生い茂り、壁には偈頌《げじゅ》数篇がはりつけてある。米がなくなって時に釜の中に塵がたまることがあり、蒸籠《せいろう》にもまた炊煙はたたない。ただ東の村の一人の老爺が時に月の夜の門をたたいて訪れてくれるだけである。

杉木立に囲まれた五合庵は、板張りに筵《むしろ》が敷いてあって、隅には粗末な木の机が一つ、その上に筆や硯や二、三冊の書物がおいてある。『荘子』か『寒山詩』などであったろう。のちには『万葉集』が加わった。壁には托鉢の笠と衣《ころも》がかけてあり、拄杖が一本よせかけてある。部屋の真中に炉がきられ、それに自在かぎがたれて鍋がつるしてある。ほかに鉢の子といって、禅宗坊さんが托鉢のときに持って出る漆をかけた木製の鉢が一つ。柄杓《ひしゃく》と水桶。それから擂鉢《すりばち》がある、それで良寛は米もとげば味噌もすり、また顔や手足も洗った。

騰々天真に任す

生涯懶立身
騰々任天真
嚢中三升米
炉辺一束薪
誰問迷悟跡
何知名利塵
夜雨草庵裡
双脚等閒伸

生涯　身を立つるに懶《ものう》く、
騰々《とうとう》　天真《てんしん》に任《まか》す。
嚢中《のうちゅう》　三升の米、
炉辺《ろへん》　一束《いっそく》の薪《たきぎ》。
たれか問わん迷悟《めいご》の跡《あと》、
なんぞ知らん名利《みょうり》の塵《ちり》。
夜雨　草庵《そうあん》のうち、
双脚《そうきゃく》　等閒《なおざり》に伸《の》ばす。

世の中に出て身を立てるということに生来気がすすまず、ただ天然自然に、本来のままに自分をまかせきっている。頭陀袋《ずだぶくろ》の中には托鉢でもらってきた米が三升入っているし、炉のそばにはひとたばの薪がある。このほかに何がいろう。迷いだの悟りだのということなど、もう問題にもならず、ましてや名誉や利益などという浮世の塵のことなど、わたしの知ったことではない。ただ雨の静かにふる夜の草庵の中に、両足をなおざりにのばしていることである。

草の庵《いお》に足さしのべて小《お》山田《やまだ》の山田のかはづ聞くがたのしさ

此生何所似　この生《せい》なんの似るところぞ、
騰々且任縁　騰々《とうとう》としてしばらく縁に任す。
堪笑兮堪嘆　笑うに堪えたり嘆くに堪えたり、
非俗非沙門　俗にもあらず沙門にもあらず。
蕭々春雨裡　蕭《しょう》々《しょう》たる春雨のうち、
庭梅未照莚　庭梅いまだ莚《むしろ》を照らさず。
終朝囲炉坐　終朝《ひねもす》炉を囲んで坐し、
相対也無言　相対してまた言《ことば》なし。
背手探法帖　手を背にして法帖を探り、
薄云供幽間　いささかここに幽間《ゆうかん》に供す。

自分のこの生涯はいったい何に似ているだろうか。騰々として何事もまあ縁にまかせるだけである。われながらおかしくまた歎かわしいことに、自分は俗人でもなくまた僧侶でもない。しとしととふる春雨の中に、庭の梅はまだ咲きそろわない。一日中炉をかこんで坐って、あなたと向いあってものを言わぬ。背後に手をのばして法帖をさがして、すこしばかりこの奥ゆかしい静けさに供しましょう。

我従住此中　われこの中に住してより、
不知幾個時　知らず幾個の時なるやを。
困来伸足睡　困《くる》しみ来れば足を伸《の》べて睡り、
健則着履之　健《すこやか》なればすなわち履《り》を着けて之《ゆ》く。
従他世人讃　さもあらばあれ世人のほめごと、
任你世人嗤　さもあらばあれ世人のわらい。
父母所生身　父母所生《しょしょう》の身、
随縁須自怡　縁に随ってすべからくみずから怡《よろこ》ぶべし。

わたしがこの草庵に住むようになってからさて何年になるだろうか。つかれたら足をのばしてねむり、元気であれば草鞋をはいて出かける。ままよ、世人がほめようと笑おうと。父母からもらったこの身体、縁のままにありがたいとみずから感謝せねばならぬ。

誰の句だったか、「浜までは海女《あま》も蓑《みの》きる時雨《しぐれ》かな」というのがあった。父母のかたみとわが身をいつくしむ良寛の心は温かい。父母所生身は「赤肉団上《しゃくにくだんじょう》」の「真人《しんにん》」の生きる場である。

大愚の涙

襤褸又襤褸
襤褸是生涯
食裁取路辺
家実委蒿莱
看月終夜嘯
迷花言不帰
自一出保社
錯為箇駑駘

襤褸《らんる》また襤褸、
襤褸これ生涯。
食はわずかに路辺に取り、
家はじつに蒿莱《こうらい》に委《ゆだ》ぬ。
月を看《み》て終夜嘯《うそぶ》き、
花に迷うてここに帰らず。
ひとたび保社《ほしゃ》を出でてより、
錯《あやま》ってこの駑駘《どたい》となる。

ころもは破れ破れて、その破れ衣がそのままにわたしの生涯である。食べものはどうにか路傍に乞食をしてまにあわせるし、家はといえばよもぎの生い茂るにまかせる草庵である。月がよいとそれを見て夜もすがら詩をくちずさみ、花がきれいだといってはその花をめでて迷い歩いては帰るのを忘れてしまう。ひとたびきびしい僧堂の生活を離れてからというもの、あやまってこのような気違じみた大馬鹿者となってしまったわたしである。

先にも「たちまち高跳して保社を脱す」とあった。今また「ひとたび保社を出でてより、錯ってこの駑駘（一本には「この風顚《きちがい》」とある）となる」という。愚はかれの天成の面目でもあったろうが、ここに改めて、かれが甘んじてみずから大愚の生涯を選んだことは重要である。

　みずから往年をかえりみて、「憶い得たり疇昔《ちゅうせき》行脚の日、衝天《しょうてん》の志気あえてみずから持す」と歌った良寛であった。備中玉島での大悟のあと師の国仙和尚のもとを辞してから、九州までも行脚の足をのばしたのは、当時の清《しん》すなわち中国へ渡ろうとしたのだともいうし、またそのころ光明皇后の遺志をうけて癩をやむ人々のために病院を建てようとして果さなかったとも言い伝える。先にものべたように父以南のはげしい血を受けついだ良寛は、愚がその本来の面目であったとはいえ、名主の昼行燈《ひるあんどん》息子といわれた頃から、一見愚のようなその外貌の奥には、凡俗のとうていうかがい知ることのできない心霊の熱火が燃えていた。その良寛がいまはここにきびしい出家の求道生活にきたえられて、ひとりの禅匠として火と燃える熱い救世の悲願を胸にいだいて、何度その済民の理想実現の試みをあえてしたことであろう。しかし幾度か試みては幾度か敗れ、勃々たる至情をおさえかねてはまた試み、こうしてその理想を行なわんとしていらだてばいらだつほど、わが墨染の衣の巾の狭さ、自己の非力に泣くよりほかになかったろう。「わが慈悲は末通りたる慈悲ではない」となげいた親鸞の心は、またわが良寛その人の思いでもあったに違いない。ここに良寛が晩年、念仏に近づいていった秘密もあった。

墨染のわが衣手のゆたにあらばうき世の民をおほはましものを

ここにおいて良寛は、善も悪も、その済民の悲願さえも一切を放下して、ただあるがままの自然に随順して、「苔水のあるかなきかに」すみわたる草庵の生活に自己を没入していったのである。これを敗北だとか退嬰的《たいえいてき》だとか、評する者は評せよ。笑う者は笑え、そしる者はそしれ。一見奇嬌にさえ見えるその言行の中に、「悲しいばかり真面目な、真剣な、うそのない」良寛その人の涙があった。そこに、玲瓏玉のごとき人間良寛の、あの温《ぬく》もりと潤《うるお》いと和《やわ》らぎの秘密がある。ひっきょう良寛は慈悲の人であった。これを単に磊落《らいらく》だとか飄逸《ひょういつ》だとか評し、ましてや敗北的だとか退嬰的だとかきめこむ人がいるとしたら、その人自身の人生の見方そのものの浅薄さをなげくよりほかにしようはないであろう。

かすかにわれはすみわたる

良寛はみずから歌う――

次来韻　　来韻《らいいん》に次《じ》す

頑愚信無比　　頑愚《がんぐ》まことに比なし、

草木以為隣　　草木もって隣《りん》となす。

懶問迷悟岐　問うに懶《ものう》し迷悟の岐《き》、
自笑老朽身　みずから笑う老朽の身。
褰脛閒渉水　脛《すね》を褰《かか》げて閒《のどか》に水を渉《わた》り、
携囊行歩春　囊《ふくろ》を携えて行くゆく春に歩す。
聊可保此生　いささかこの生を保つべし、
非敢厭世塵　あえて世塵《せじん》を厭《いと》うにあらず。

わたしの愚かさはまことに比べものがない。とても人間の相手にはなれぬから、もっぱら草や木を隣人として親しんでいる。迷いだの悟りだのという分別くさいことを問題にするのにはもうあきた。われながら笑うべきこの老いぼれの身よ。衣のすそをからげすねを出して、のんびり川をかち渡りし、ふくろをもって春の野山をうかれあるく。こうして、どうにかこの余生を保ってゆくことができる。しいて俗世間をきらっているというわけではないのだ。

世の中にまじらぬとにはあらねどもひとり遊びぞ我はまされる

詞書に、「行燈の前に読書する図に」とある。世間の人々に交わらぬというわけではないが、自分には独《ひと》り居《い》の自適の生活こそ勝っている、というのである。

あしひきの岩間をつたふ苔水のかすかにわれはすみわたるかも

山の岩の間をつたってしたたる苔清水のように、かすかに、自分はすみわたって生きることよ、の意。「すみ」はもともと「住み」かも知れぬが、すなおに読めば「澄み」ともひびく。別の歌に「月中空《なかぞら》にすみわたるかも」という表現もある。しかし、ここは類歌の、

山かげの岩根もりくる苔水のあるかなきかに世をわたるかも

が原型だとすれば、「苔水のかすかに住む」であるらしいが、「澄み」にひびく良寛の心境がどうしても読む者の心をとらえる。五合庵の生活を象徴する絶唱の一つであろう。

夜もすがら草のいほりにわれをれば杉の葉しぬぎ霰《あられ》降るなり

夜ふけまでわたしが寝もやらずにこの五合庵にこもっていると、外に立っている杉の葉をおしわけて霰《しら》の降る音がするよ、の意。この歌なども草庵生活の良寛の澄み切った心境がそのまま歌の調べに表現されている。悟りの境地をここまで美しく歌いあげた人をわたしは知らない。良寛が時にそれを意識して歌っているかに思える宗祖道元の和歌（傘松道詠）にく

らべても、芸術的な高さにおいて良寛自身の方がはるかにすぐれている。

慈愛の人良寛

あわ雪の中に顕《た》ちたる三千大千《みちおおち》世界またその中に沫雪《あわゆき》ぞ降る

雪のふる中に三千大千世界があり、その世界の中でまた雪がふっている、の意。これは文字通りの華厳《けごん》の法界、悟りの心境（華厳の哲学）をそのまま抒情的美しさに歌い上げたものである。霏々《ひひ》として乱れ散る「あわ雪の中に顕《た》」っているのは良寛その人であり、これぞ本師釈迦牟尼以来の独尊仏にほかならぬ。ここでは良寛が世界であり、またその良寛の中で雪が霏々としてふり散っているのだ。一即一切、一切即一である。

このような澄みきった悟境（智）から温い和らぎと潤いの慈愛（悲）の心が流れ出る。

ますらをや共泣きせじと思へどもけぶり見る時むせかへりつつ

大丈夫たる者、共に泣くような女々《めめ》しいことはすまいと思うけれど、さて荼毘《だび》の煙を見ると、つい胸がつまってむせび泣くことである、の意。阿部定珍にあてた手紙に、定珍の長女の死を悼んだものという。いま一つ、「ひたしおや（養い育てた親）に代りて」よんだもの。山田杜皐《とこう》にあてた手紙に次の歌がある。定珍も杜皐も、ともに良寛と親交のあった人である。

かいなでて負ひてひたして乳《ち》ふふめて今日は枯野におくるなりけり

なでいつくしんで、背負って、乳房をふくませて育ててきた可愛い子を、今日は野辺の送りをすることだ、の意。もう一つ「世の中の親の心に代りてよめる」もの。原田氏に宛てた手紙にある歌。

あづさゆみ春は春ともおもほえずすぎにし子らがことを思へば

春はたち返っても自分には春とは思われぬ。死んだあの子のことを思えば、の意。次もまた、同じ時に疱瘡《ほうそう》で死んだ子を悼んで歌った歌。

人の子の遊ぶをみればにはたづみ流るる涙とどめかねつも

他人の子が元気で遊ぶのを見ると、なぜわが子ばかり死んだのかと、悲しみの涙がとめどなく流れることよ、の意。「にはたづみ」は庭の水たまり、それはいつかは流れるものだから「流るる」にかかる枕詞となる。

こうして良寛は「親の心に代りて」自他不二、ただちに人の親の悲しみに同事し、みずからを無にしてただちにその親になりきることができたのである。

托鉢・あわれ鉢の子

以上われわれは五合庵時代の、心身ともに安住の地を見出した、練り上げられた良寛の心境を見て来た。こうして良寛は天気のよい日は鉢の子をもって托鉢に出かけ、頭陀袋に米が一杯になると必要なだけは残して、あとは乞食などに施してしまう。信者の人に衣類をもらってもまたそのとおりであった。文字通りそれは「欲なければ一切足る」という生活であった。野辺にすみれをつみ、路ばたで子供たちと遊ぶ。まりつきや、草相撲や、おはじきにかくれんぼ。日がかたむけば山路をたどって五合庵に帰り、炉辺にひとり坐禅をくむ。雪にとざされたり、雨のつづく日は、一日中庵にこもって、詩をつくり書をよむ、これが良寛の生活であった。

飯《いい》乞ふとわが来《こ》しかども春の野に菫《すみれ》つみつつ時を経《へ》にけり
道のべに菫つみつつ鉢之子を忘れてぞ来《こ》しあはれ鉢之子

終日乞食罷　　終日乞食《こつじき》し罷《や》み、

帰来掩蓬扉　帰り来たって蓬扉《ほうひ》を掩《おお》う。
炉焼帯葉柴　炉《ろ》に帯葉《たいよう》の柴を焼き、
静読寒山詩　静かに『寒山詩』を読む。
西風吹夜雨　西風　夜雨を吹き、
颯々灑茅茨　颯々《さつさつ》として茅茨《ぼうし》に灑《そそ》ぐ。
時伸双脚臥　ときに双脚《そうきゃく》を伸《の》べて臥《ふ》す、
何思又何疑　なにをか思い　またなにをか疑わん。

一日中托鉢をして帰ってきて草の庵の扉をとざし、葉のついたままの柴を炉にくべて静かに『寒山詩』をひもとく。西風が夜の雨を運んできて、涼しく心地よく萱《かや》ぶきの屋根に吹きつける。そんなとき、わたしはのんびり両脚をのばしてねそべる、いったい何を思い何を疑うことがあろう。

飯乞《いい》ふと里にも出でずこの頃はしぐれの雨の間なくし降れば
飯乞ふと里にも出でずなりにけり昨日も今日も雪の降れれば
水やくまむ薪《たきぎ》や伐《こ》らむ菜やつまむ朝のしぐれの降らぬその間に

荒村乞食了
帰来緑岩辺
夕日隠西峰
淡月照前川
洗足上石上
焚香此安禅
我亦僧伽子
豈空渡流年

荒村　乞食《こつじき》しおわり、
帰り来る緑岩の辺《ほとり》。
夕日　西峰に隠れ、
淡月　前川《ぜんせん》を照らす。
足を洗って石上にのぼり、
香を焚《た》いて　ここに禅に安んず。
われもまた僧伽《そうぎゃ》の子、
あに空《むな》しく流年を渡らんや。

さびしい村を托鉢し終って、みどりの岩の辺まで帰ってくると、夕日は西の峰にかくれ、淡い月が前の川を照している。足を洗って石の上にのぼり、香をたいてその場で坐禅をくむ。わたしもまた僧侶の一人であるのだから、どうして光陰を空しくすごされようか。

何故に家を出でしと折ふしは心に愧《は》ぢよ墨染の袖

身をすてて世をすくふ人も在《ま》すものを草の庵《いおり》にひまもとむとは

遍界歳暮男女閙
唯有草庵正安然
不知何以答仏恩
一炉香煙一坐禅

遍界《へんかい》　歳暮《せいぼ》　男女さわがし、
ただ草庵のまさに安然たるあり。
知らず　なにをもってか仏恩に答えん、
一炉《いちろ》の香煙　一坐禅。

年の暮は世間ではどこでも人々が忙しそうにしておるのに、ただ自分の草庵だけは安らかにしておれる。このありがたい仏恩に何をもって答えたらよかろうか。香炉に線香をたいて只管に坐禅するだけである。

子供らと共に

秋中作

歳晩仮一庵
庵在荒村陲
蕭々寒雨裡
落葉埋空階
無心理唄葉

秋中の作

歳晩　仮の一庵、
庵《いおり》は荒村の陲《ほとり》にあり。
蕭《しょう》々《しょう》たる寒雨のうち、
落葉　空階を埋《うず》む。
無心に唄葉《ばいよう》を理《おさ》め、

有時吟我詩　時ありては我が詩を吟ず。
偶有牧童来　たまたま牧童の来るあり、
伴我赴村斎　われを伴うて村斎《そんさい》に赴《おもむ》く。

年の暮にある庵にかり住まいをする。庵はさびしい村はずれにある。しとしととふる冷たい雨に、落葉がしきりに人のいないきざはしを埋めている。自分は無心に経典を読んだり、時には自作の詩を口ずさんだりする。たまたまそこに村の子供がきて、わたしを村のお斎《とき》につれてゆく。

良寛に好きなものが三つあった。童男童女と、手毬と、おはじきと。

乞食　乞食《こつじき》

十字街頭乞食了　十字街頭　乞食しおわって、
八幡宮辺方徘徊　八幡宮辺《はちまんぐうへん》　まさに徘徊《はいかい》す。
児童相見共相語　児童相見て　ともに相語るらく、
去年痴僧今又来　去年の癡僧《ちそう》　いままた来たると。

町なかでの托鉢をすませて、八幡さまのあたりをぶらぶら歩きをしていると、子供たちが互いに顔を見合せて口々にいう。「去年の馬鹿坊主が今年もまたやってきたぞ」と。

騰々

裙子短兮褊衫長
騰々兀々只麼過
陌上児童忽見我
拍手斉唱放毬歌

騰々《とうとう》

裙子《くんす》は短く　褊衫《へんさん》は長し、
騰々兀々《とうとうごつごつ》　只麼《しも》に過ぐ。
陌上《はくじょう》の児童　たちまちわれを見、
手を拍《う》って斉《ひと》しく唱う放毬《ほうきゅう》の歌。

袴《はかま》は短く、上着は長い。騰々として流れ兀々として動かず、ただあるがままそのままに過している。街頭の子供たちが、そうしたわたしを見つけては、手をたたき声をそろえていっせいに毬《まり》つき歌をうたい出す。

この宮の森の木下《こした》に子供らとあそぶ春日になりにけらしも

子供らと遊び暮す暖い春の日永になったことよ、の意。この宮は、国上山《くがみ》麓の乙子《おとご》神社。

この里に手まりつきつつ子供らと遊ぶ春日は暮れずともよし

霞たつながき春日に子供らと手毬つきつつこの日暮しつ

手まりつきつつ

毬子

袖裏繍毬直千金
謂言好手無等匹
箇中意旨若相問
一二三四五六七

毬子《きゅうし》

袖裏《しゅうり》の繍毬《しゅうきゅう》直《あたい》千金、
謂《おも》うわれこそ好手等匹《とうひつ》なしと。
箇中《こちゅう》の意旨もし相問わば、
一二三四五六七《ひいふうみいよういつむうなな》。

わたしの袖の中のあや糸の手まりは千両の価値がある。思うに、わたしこそは毬つきの上手、世に比べる者とておるまい。もし毬つきの心をおたずねになるなら、次のように答えよう。「ひい、ふう、みい、よう、いつ、むう、なな。」

箇中の意旨は、禅の極意、いわゆる「祖師西来の意」そのものでもある。趙州《じょうしゅう》と南泉の問答に、南泉がはしごをのぼりながら「一二三四五」というところがあった（秋月国訳『趙州禅師語録』春秋社刊参照）。

青陽二月初　青陽　二月の初、
物色稍新鮮　物色　ようやく新鮮なり。
此時持鉢盂　このとき鉢盂《はつう》を持し、
得々遊市鄽　得々として市鄽《してん》に遊ぶ。
児童忽見我　児童たちまちわれを見、
欣然相将来　欣然として相将《ひき》いて来る。
要我寺門前　われを寺門の前に要《ま》ち、
携我歩遅々　われを携えて歩み遅々《ちち》たり。
放盂白石上　盂《はち》を白石の上に放ち、
掛嚢緑樹枝　嚢《ふくろ》を緑樹の枝に掛《か》く。
于此闘百草　ここに百草を闘《たたか》わせ、
于此打毬児　ここに毬《まり》児を打つ。
我打渠且歌　われ打てば　かれ　しばらく歌い、
我歌渠打之　われ歌えば　かれ　これを打つ。
打去又打来　打ち去り　また打ち来り、

不知時節移
行人顧我笑
因何其如斯
低頭不応伊
道得也何似
要知箇中意
元来只這是

時節の移るを知らず。
行人　われを顧みて笑う、
何によってかそれかくのごときと。
低頭してかれに応《こた》えず、
道《い》い得るとも　またいかんせん。
箇中の意を知らんと要《ほっ》せば、
元来ただこれこれ。

春も二月の初めともなれば、物の色もしだいに新鮮となる。この時わたしは鉢の子をかかえて心も軽く町に乞食に出る。子供たちはたちまちわたしを見つけ、喜々として連れ立ってやってくる。寺の門前にわたしをまちかまえ、わたしの前後をとりまくので、托鉢の歩みは少しもはかどらない。そこでわたしは鉢の子を白砂の上におき、頭陀袋を緑の木の枝にかける。ここで子供らと草相撲を闘わせ、ここで子供らとまりをつく。わたしがつけば子供らが歌い、わたしが歌えば子供らがつく。くり返すうちに時のたつのを忘れてしまう。道行く人があきれてわたしを笑い、どうしてそんなことをするのだと問うけれど、おじぎをするだけで答えない。いや、たとえ答えられたとしても、それが何になろう。もしここの心を知りたいのなら、もともとそれは、ただこれだけのことだもの。

老農と共に酔う

行々投田舎
正是桑楡時
鳥雀聚竹林
啾々相率飛
老農言帰来
見我如旧知
喚婦漉濁酒
摘蔬以供之
相対云更酌
談笑一何奇
陶然共一酔
不知是与非

行き行きて田舎《でんしゃ》に投ず、
まさにこれ桑楡《そうゆ》の時。
鳥雀《ちょうじゃく》　竹林に聚《あつ》まり、
啾々《しゅうしゅう》として相率いて飛ぶ。
老農　ここに帰り来たり、
われを見ること旧知のごとし。
婦《ふ》を喚《よ》んで濁酒を漉《こ》し、
蔬《そ》を摘《つ》んでもってこれを供す。
相対してここにさらに酌《く》み、
談笑　いつになんぞ奇なる。
陶然としてともに一酔し、
知らず　是と非とを。

托鉢して行きついた田舎家で、それがちょうど日暮時、雀が竹やぶに集まり、ちゅうちゅうと鳴いてむれ飛んでいた。たまたま野良から帰ってきた老主人は、初対面のわたしをまるで旧知のように迎えてくれる。妻君をよんで濁酒《どぶろく》を漉《こ》させ、畑の野菜をつんできて酒の肴《さかな》に進めてくれた。こうして向いあってさかずきを重ね、二人してとりとめもない話をして笑い合った。ついにはとろりとよっぱらってしまって、もう善いも悪いもさっぱりわからない。

孟夏芒種節
杖錫独往還
野老忽見我
率我共成歓
蘆蕟聊成席
桐葉以充盤
野酌数行後
陶然枕畔眠

孟夏《もうか》　芒種《ぼうしゅ》の節、
錫《しゃく》を杖《つ》いて独り往還す。
野老《やろう》たちまちわれを見、
われを率いてともに歓《かん》をなす。
蘆蕟《ろはい》いささか席をなし、
桐葉《とうよう》もって盤《ばん》に充《あ》つ。
野酌　数行ののち、
陶然として畔《あぜ》に枕して眠る。

初夏の芒種節（二十四気の一、陽暦六月五日頃）のころ、錫杖《しゃくじょう》をついてひとりふらふら出歩いた。すると野良にいた老農夫がたちまち見つけて、わたしをひっぱっていっていっしょに飲もうという。しきものはむしろでまにあわせ、お盆は桐の葉っぱ。野立ての酒盛りとしゃれこんで、盃のやりとり数遍ののち、陶然として酔っぱらって、あぜを枕に眠ってしまった。

良寛は酒が好きであった。「禅師つねに酒を好む。然りといえども、量を越えて酔狂にいたるを見ず」(『良寛禅師奇話』)とある。酒はのんでも、酔っぱらって乱れるということはなかった、というのだ。また相手が百姓とか木こりであっても、互いに銭を出しあって酒を買って飲むのを好んだ。ただ酒でなく割り勘でのんだ。しかもその飲み方がおもしろい。「なんじ一杯、われ一杯」というふうに飲むのを常とした。こうして相手の飲む分量と自分の飲む分量をいつも同じにした、というのだ。まことにおもしろい。

しかしこんな詩や歌もある。こちらの方はまた自由人良寛の面目躍如である。

あすよりの後のよすがはいざ知らず今日のひと日は酔《え》ひにけらしも

明日からのちどうしたらよいかはさっぱり分らぬが、ともあれ今日一日は酔ってしまったらしいよ、の意。

よしあしの難波《なにわ》のことはさもあらばあれ共に尽くさむ一杯《ひとつき》の酒

乙子の草庵から島崎へ

いよいよ良寛の晩年の話をしなければならない。良寛は、五合庵で十数年間をすごしたのち、文化十三年、五十九歳の頃に国上山西坂の五合庵をくだって、麓の乙子《おとご》神社の境内の草庵に移った。年老いて西坂の上り下りが苦しくなったためである。

六十有余多病僧
家占社頭隔人烟
巖根欲穿深夜雨
燈火明滅孤窓前

六十有余多病の僧、
家は社頭を占めて人烟を隔つ。
巖根穿《うが》たんとす深夜の雨、
燈火明滅す孤窓の前。

自分ももう六十余歳になって病気がちである。乙子の宮のほとりに庵を占めて、人里はなれて暮している。今夜夜ふけて降りしきる大雨は、巖の根にも穴をあけるほどにはげしいが、一つしかない窓の前で行燈《あんどん》の火が風にゆらいで、明るくなったり暗くなったりしている。

乙宮の森の下屋のしづけさにしばしとて我が杖うつしけり

乙宮の森かげの草庵の静けさを喜んで、しばらくここに住もうと杖をつきつつ移り住んだ、の意。

良寛はこの乙子の草庵に留ること約十年、もう自炊の薪水の労にどうにもたえられなくなって、文政九年六十九歳の冬、国上と出雲崎の中間にある三島郡島崎の能登屋木村元右衛門のすすめにまかせて、その屋敷内の庵室に移った。そしてここが良寛のついのすみかとなった。

貞心尼と良寛

晩年の良寛を語るとき忘れてならぬのは、貞心尼とのめぐりあいである。貞心は越後長岡藩士奥村五兵衛の娘で、うまれつきの美貌を望まれていったんは嫁いだが、五年ののち夫を失い、刈羽郡柏崎の曹洞宗洞雲寺の泰禅和尚につき、古志郡福島の閻魔《えんま》堂に住んでいた。貞心が良寛の高風を慕って、初めて島崎の庵室を訪ねたのは文政十年、時に良寛七十歳、貞心は二十九歳であった。かつて斎藤茂吉はいった。「良寛は貞心尼に会って、ますます優秀なる歌を作った。その歌は寒く乾ききったものでなく、恋人に対するような温い血のながれているものである」「死に近き老法師の良寛が若い女人の貞心尼に対した心は真に純無礙《むげ》であった」(『短歌私鈔』)。わたしはくだくだしい説明の一切を略して、ただちに貞心尼その人の編になる『蓮《はちす》の露』から繁をいとわず二人の贈答歌を引用しておこう。

師、常に手毬をもて遊び給ふとききて奉るとて

これぞ此のほとけのみちにあそびつつつきやつきせぬみのりなるらむ　(貞心)

御かへし

つきて見よひふみよいむなやここのとを十とをさめてまた始まるを　（良寛）

はじめてあひ見奉りて

君にかくあひ見ることのうれしさもまださめやらぬ夢かとぞ思ふ　（貞心）

御かへし

夢の世にかつまどろみて夢をまたかたるも夢もそれがまにまに　（良寛）

いとねもごろなる道の物語に夜もふけぬれば

白たへの衣手《ころもで》寒し秋の夜の月なかぞらに澄みわたるかも　（良寛）

されどなほあかぬここちして

向ひゐて千代も八千代も見てしがな空行く月のこと問はずとも　（貞心）

御かへし

心さへかはらざりせばはふつたのたえず向はむ千代も八千代も　（良寛）

いざかへりなむとて

立ちかへりまたもとひこむ玉鉾《たまぼこ》の道のしば草たどりたどりに　（貞心）

又も来《こ》よ柴のいほりをいとはずばすすき尾花の露をわけわけ　（良寛）

ほどへてみせうそこ給はりけるなかに

君や忘る道やかくるるこの頃は待てど暮らせど音づれのなき　（良寛）

御かへしたてまつるとて

こは人の庵にありし時なり

ことしげきむぐらのいほにとじられて身をば心にまかせざりけり　（貞心）

山のはの月はさやかにてらせどもまだはれやらぬ峰のうすぐも　（貞心）

御かへし

身をすてて世をすくふ人も在《ま》すものを草の庵《いおり》にひまもとむとは　（良寛）

久方の月の光のきよければてらしぬきけりからもやまとも昔も今もうそもまことも　（良寛）

はれやらぬ峰のうすぐもたちさりてのちのひかりとおもはずやきみ　（良寛）

春の初つかたせうそこ奉るとて

おのづから冬の日かずのくれゆけばまつともなきに春は来にけり　（貞心）

われもひともうそもまこともへだてなくてらしぬきける月のさやけさ　（貞心）

さめぬればやみも光もなかりけりゆめぢをてらす有明の月　（貞心）

御かへし

天《あめ》が下に満つる玉より黄金《こがね》より春のはじめの君がおとづれ　（良寛）

てにさはるものこそなけれのりの道それがさながらそれにありせば　（良寛）

御かへし

春風にみ山の雪はとけぬれど岩まによどむ谷川の水　(貞心)

御かへし

み山べのみ雪とけなば谷川によどめる水はあらじとぞ思ふ　(良寛)

御かへし

いづこより春はこしぞとたづぬれどこたへぬ花にうぐひすのなく　(貞心)

君なくば千《ち》たび百度《ももたび》数ふとも十づつ十をももとしらじを　(貞心)

御かへし

いざさらばわれもやみなむここのまり十づつ十をももとしりせば　(良寛)

いざさらばかへらむといふに

りやうぜんのしやかのみ前にちぎりてしことな忘れそよはへだつとも　(良寛)

御かへし

りやうぜんのしやかのみ前にちぎりてしことは忘れじよはへだつとも（貞心）

声韻の事を語り給ひて

かりそめのことゝなもひそこのことば言のはのみとおもほすな君（良寛）

御いとま申すとて

いざさらばさきくてませよほとゝぎすしばなく頃は又も来て見ん（貞心）

うきぐもの身にしありせば時鳥しばなくころはいづこにまたむ（良寛）

秋はぎの花さく頃は来て見ませ命《いのち》またくば共にかざさむ（良寛）

されど其のほどをもまたず又とひ奉りて

秋萩の花咲く頃を待ちとほみ夏草わけて又も来にけり（貞心）

御かへし

秋はぎの咲くを遠みと夏草の露をわけわけ訪《と》ひし君はも　（良寛）

或る夏のころまうでけるに　何ち《いず》へか出《い》で給ひけん　見えたまはずた

だ花がめに蓮のさしたるがいとにほひてありければ

来て見れば人こそ見えね庵守《いおも》りてにほふ蓮《はちす》の花のたふとさ　（貞心）

御かへし

みあへするものこそなけれ小瓶《おがめ》なる蓮《はちす》の花を見つつしのばせ　（良寛）

御はらからなる由之翁のもとよりしとね奉るとて

極楽のはちすの花のはなびらによそひて見ませ麻手小衾《こぶすま》　（貞心）

御かへし

極らくのはちすの花のはなびらをわれにくやうす君が神つう　（良寛）

いざさらばはちすの上にうちのらむよしやかはづと人は見るとも　（良寛）

五韻を

くさぐさのあやおり出す四十八《よそや》もじこゑとひびきをたてぬきにして　（良寛）

たらちをの書き給ひしものを御覧じて

みづぐきのあとも涙にかすみけりありし昔のことを思へば　（良寛）

民の子のたがやさむといふ木にて　いとたくみにきざみたる物を見せ奉りければ

たがやさむいろもはだへもたへなれどたがやさんよりたがやさむには　（良寛）

ある時　与板の里へわたらせ給ふとて　友どちのもとよりしらせたりければ　急ぎまうでけるに　明日ははやことかたへわたり給ふよし人々なごりをしみて物語りきこえかはしつ　打とけて遊びけるが中に君は色くろく衣もくろければ　今よりからすとこそまをさめと言ひければ　げによく我にはふさひたる名にこそと　打ち笑ひ給ひながら

いづこへも立ちてを行かむあすよりはからすてふ名を人のつくれば　（良寛）

とのたまひければ

山がらす里にいゆかば子がらすも誘ひて行け羽ねよわくとも　（貞心）

御かへし

誘ひて行かば行かめどひとの見てあやしめ見らばいかにしてまし　（良寛）

御かへし

鳶は鳶雀は雀さぎはさぎ烏はからす何かあやしき　（貞心）

日もくれぬれば宿りにかへり　又あすこそとはめとて

いざさらばわれはかへらむ君はここにいやすくいねよ早あすにせむ　（良寛）

あくる日はとく訪《と》ひ来給ひければ

うたやよまむ手まりやつかん野にやでむ君がまにまになしてあそばむ　（貞心）

御かへし

歌もよまむ手毬もつかむ野にも出む心ひとつを定めかねつも　（良寛）

秋はかならずおのが庵をとふべしとちぎり給ひしが　心地例ならねば
しばしためらひてなど御せうそこ給はりける中に

秋はぎの花のさかりも過ぎにけり契りしこともまだ遂げなくに　（良寛）

其後は　とかく御心地さはやぎ玉はず　冬になりてはただ御庵にのみこもらせ給ひて　人にたいめんもむづかしとて　うちより戸さしかためてものし給へる由　人の語りければ　せうそこ奉るとて

そのままになほたへしのべ今さらにしばしの夢をいとふなよ君　（貞心）

と申し遣しければ　その後給はりけること葉はなくて

梓弓春になりなば草の庵をとく出て来ませあひたきものを　（良寛）

かくて　しはすの末つかた　俄《にわか》に重らせ給ふよし　人のもとよりしらせたりければ　打ちおどろきて急ぎまうで見奉るに　さのみ悩ましき御けしきにもあらず　床の上に坐しゐたまへるが　おのがまゐりしをうれしとやおもほしけん

いついつと待ちにし人は来りけり今はあひ見て何か思はむ　（良寛）

むさしののくさばのつゆのながらへてながらへはつる身にしあらねば　（良寛）

かかれば　ひる夜御片はらに在りて　御ありさま見奉りぬるに　ただ日にそへてよわりによわり行き給ひぬれば　いかにせん　とてもかくても遠からずかくれさせ給ふらめと思ふにいとかなしくて

生き死にの界《さかい》はなれて住む身にもさらぬわかれのあるぞ悲しき　（貞心）

御かへし

うらを見せおもてを見せてちるもみぢ

こは御みづからのにはあらねど　時にとりあひのたまふいといとたふとし

貞心は良寛の没後、柏崎の不求庵に移り明治五年まで生きた。彼女は二人の贈答歌ばかりでなく、良寛の歌を集め、伝記を書き、また前橋の竜海院の蔵雲を助けて良寛の詩集を開版した。

良寛の死

良寛は天保二年一月六日、弟の由之や弟子の貞心尼などに見守られながら、木村家の手厚い看護を感謝しつつ、七十四歳で遷化した。その三年ほど前、越後の三条で大地震があったとき、与板の山田杜皐にあてて、「災難に逢ふ時節には災難に逢ふがよく候。死ぬる時節には死ぬがよく候。これはこれ災難をのがるる妙法にて候」と書いたが、みずからもまたこの言葉どおりに眠るがごとく死についたことであろう。死病は俗にいう痢病であった。

形見とて何かのこさむ春は花山ほととぎす秋はもみぢ葉

二　詩でない詩（『草庵集』鈔）

孰謂我詩詩　　たれか謂《い》う　わが詩を詩と、
我詩是非詩　　わが詩はこれ詩にあらず。
知我詩非詩　　わが詩の詩にあらざるを知って、
始可与言詩　　始めてともに詩を言うべし。

誰がわたしの詩を詩というか、わたしの詩は詩ではない。わたしの詩が詩でないことを知って、始めてともに詩を語ることができる。

心中の物を写す

良寛は言った。「貧道（わたし）の好まざる（嫌いな）もの三つあり。詩人の詩、書家の書、あるいは膳夫（料理人）の調食（料理）」と。また、こうも歌う。

可怜好丈夫　　怜《あわれ》むべし好丈夫、
間居好題詩　　間居してよく詩を題す。
古風擬漢魏　　古風は漢・魏になぞらえ、

近体唐作師
斐然其為章
加之以新奇
不写心中物
雖多復何為

近体は唐を師となす。
斐然《ひぜん》としてそれ章をなし、
これに加うるに新奇をもってす。
心中の物を写さずんば、
多しといえどもまた何をか為さん。

あわれむべき人々よ、間居してはよく詩を作る。古風では漢・魏の詩人をまね、近体は唐の詩人を師とする。それはあでやかにうるわしく、加えて新奇でもある。まことに見事であるが、わが心中の物を表現するのでなかったら、どんなに多くの詩を作ってもそれがいったい何になろう。

わが心に写し出すべき何物もないとしたら、いったいそれはどういうことになるのか。表現される内実、それが大事だというのだ。わが詩が詩であって詩でないとは、ここに目を着けさせようとしてである。良寛の詩は、ただわが「心中の物を写す」ところにある。それで押韻《おういん》とか平仄《ひょうそく》とか声病などということには、一切かまわない。人がこれをとがめると、良寛はいった。「わたしはわたしの言おうと思うところを歌うだけだ。世の詩人諸君がわたしの詩の声病を嫌うなら、わたしの為に改作してくれればいい」と。

良寛の詩はその歌よりも、良寛その人の禅意識、その思想面をよりよく写しているように思われる。禅者としての良寛を見る場合には、歌集より詩集に重点をおいて見なければならないかもしれない。

有感
剃除髭髪為僧伽
撥草瞻風有年茲
如今到処供紙筆
只道書歌兼書詩

感《かん》あり
髭髪《しはつ》を剃除《ていじょ》して僧伽《そうぎゃ》となり、
撥草瞻風《はっそうせんぷう》ここに年あり。
如今《にょこん》到るところ紙筆を供して、
ただ道《い》う　歌を書け　また詩を書けと。

髪をそって僧侶となり、修行の為に諸国を行脚《あんぎゃ》して多年、わたしは禅僧であるはずなのに、この頃ではどこへ行っても、紙と筆とを持たされて、ただ歌を書け詩を書けと言われることだ。

ももなかのいささむらたけいささめのいささか残す水茎のあと

静慮を学ぶ
我昔学静慮　われむかし静慮《じょうりょ》を学び、

微々調気息
如是経星霜
殆至忘寝食
縦得安閑処
蓋縁修行力
争如達無作
一得即永得

微々として気息を調う。
かくのごとくして星霜《せいそう》を経《へ》、
ほとんど寝食を忘るるに至る。
たとい安閑のところを得とも、
けだし修行の力による。
いかでか如《し》かん無作《むさ》に達し、
一得《いっとく》すなわち永得ならんには。

自分はむかし坐禅の修行をして、かすかに出入の気息《いき》を調えることを学んだ。幾年もそうして、ほとんど寝食を忘れるに至った。現在自分が少しでも安らかな閑《のど》かな境地を得ているとしたら、それは一にこの坐禅の修行のたまものである。けれども、努めてする坐禅はまだ本物ではない。さらに無作《むさ》の境（一切の造作、はからいというもののない天真自然の境）に達して、一度体得したらもう永久に失われないという真の坐禅にはどうして及ぼうか、とうてい及ばない。

この詩は良寛の坐禅が道元の只管打坐《しかんたざ》の流れをくむ日本曹洞宗のものであったことを示している。しかも、「無作の坐」をいうところ、それはやはり良寛その人のものと言わねばならない。

静夜虚窓下
打坐擁衲衣
臍与鼻孔対
耳当肩頭垂
窓白月初出
雨歇滴猶滋
可怜此時意
寥々只自知

静夜虚窓の下《もと》、
打坐して衲衣《のうえ》を擁《よう》す。
臍《ほぞ》は鼻孔と対し、
耳は肩頭《けんとう》に当って垂る。
窓白み月初めて出で、
雨歇《や》んで滴《したたり》なお滋《しげ》し。
怜《あわれ》むべしこの時の意、
寥々《りょうりょう》としてただみずから知るのみ。

静かな夜、人のいない窓べで、着衣をととのえて、坐禅をする。へそは鼻孔と対し、耳から落ちる線は肩に垂直にたれる。窓が白んだのは月が出たらしい。雨はやんだのであろうが、軒のしずくがまだしきりである。この時のこの心境、ただ さびしく自分ひとり知るだけであるのは、いかにも残念である。

新鮮な感覚

良寛の詩歌集をひもとくと、ものを聞きものを見る良寛の感覚の、いつもまことに新鮮なのに驚かされる。それは禅定《ぜんじょう》にきたえられた見聞覚知だからであろうか。香厳《きょうげん》の撃竹《きゃくちく》、霊雲の桃花、鏡清《きょうしょう》の雨滴声《うてきせい》などという禅門の故事を思い起さずにおれない。

千峰凍雪合　　千峰　凍雪《とうせつ》合し、
万径人跡絶　　万径《ばんけい》　人跡絶す。
毎日只面壁　　毎日ただ面壁《めんぺき》のみ、
時聞灑窓雪　　ときに聞く窓《まど》に灑《そそ》ぐ雪。

どの峰も雪に凍りつき、どの小道も通る人がない。自分は庵にこもって毎日ただ坐禅をしているが、坐中に時々窓に吹きつける雪の音が聞える。

蕭条三間屋　　蕭条たり三間の屋、
終日無人観　　終日人の観るなし。
独坐閑窓下　　ひとり閑窓の下に坐して、
唯聞落葉頻　　ただ聞く落葉のしきりなるを。

ひっそりとさびしい三坪の住まい、一日中あたりには人影もない。ひとり静かな窓べに坐して、ただ落葉の音のしきりにするのを聞くことである。

短歌を少し読んでみよう。これらの詩歌はただちに良寛の悟境の表現といって過言ではないと思う。それはただ風流の芸術作品とのみ見ることはできない。

紀《き》の国の高野《たかぬ》のおくの古寺《ふるでら》に杉の雫《しずく》を聞きあかしつつ
草の庵《いお》にねざめて聞けばひさかたの霰《あられ》とばしる呉竹《くれたけ》の上に
草の庵にねざめてきけばあしひきの岩根に落つる滝津瀬《たきつせ》の音
あしひきのこの山里の夕月夜ほのかに見るは梅の花かも
あしひきの片山影の夕月夜ほのかに見ゆる山梨の花
この里の桃のさかりにきて見れば流れに映る花のくれなゐ
秋の日に光り輝くすすきの穂これの高屋にのぼりて見れば
あしひきの国上《くがみ》の山の松かげにあらはれいづる月のさやけさ

ゆきかへり見れどもあかずわが宿の薄《すすき》がうへにおける白露

人を恋う良寛

里べには笛や太鼓の音すなり深山《みやま》はさはに松の音して

麓の里の方では笛や太鼓のはやしの音がするよ、わたしの庵のある国上山では盛んに松の音がしていて、の意。世間と出世間の音の交錯、山上の松風に聞き入ってかすかに心すみわたりつつ、一方ではなお里の盆おどりのはやしに心ひかれる人間良寛。良寛の詩歌集を読んでいて気づく今一つのことは、人を恋うる良寛である。

君抛経巻低頭睡
我倚蒲団学祖翁
蛙声遠近聴不絶
燈火明滅疎簾中

君は経巻を抛《なげう》ち頭《こうべ》をたれて睡《ねむ》り、
われは蒲団《ふとん》によって祖翁を学ぶ。
蛙声《あせい》遠近聴くに絶えず、
燈火明滅す疎簾《それん》の中。

君はお経の巻物をほうり出して、居眠りをしている。わたしは坐布の上に坐禅をして、達磨大師をまねている。蛙の声が遠く近く聞こえて心にこたえ、あらく編んだすだれの中で燈火《ともしび》が明滅している。

月《つき》よみの光を待ちて帰りませ山路は栗のいがの多きに

月の出を待ってお帰りなさい。帰りの山路には栗のいががたくさん散らばってい
て、それをふんで足の裏を傷《いた》めてはいけませんから。

月読《つきよみ》の光を待ちて帰りませ君が家路は遠からなくに

月の光のさすのを待ってお帰りなさい。そうおせきにならずとも、お宅はここから
遠くないではありませんか。

歌も詩も阿部定珍にあてたもの。今少し同様な心を詠んだ歌をあげておく。

よみて由之につかはす

草の庵《いお》に立ちても居てもすべぞなきこのごろ君が見えぬ思へば

自画に賛して

こひしくばたづねて来ませわが宿は越《こし》の山もとたどりたどりに
春の野に若菜つめどもさすたけの君とつまねば籠《こ》にみたなくに

阿部定珍に二首

秋の夜はながしといへどさすたけの君と語ればおもほえなくに
さすたけの君がすすむるうま酒にわれ酔ひにけりそのうま酒に
さすたけの君がみためとひさかたの雨間《あまま》に出でてつみし芹《せり》ぞこれ
山かげの槇《まき》の板屋に雨も降り来《こ》ね　さすたけの君がしばしと立ちどまるべく

古道を思う

これから歌集の方ではあまり見られない良寛の一面を見てみたい。それは古道をしたい、世を憂えてなげく、良寛の正面切った気概の詩である。

仏祖法燈漸将滅　　仏祖の法燈ようやくまさに滅せんとす、

有誰続焔和尚社　たれか焔《えん》を和尚《おしょう》の社《しゃ》に続《つ》ぐものあらん。
犬質羊性何堪任　犬質羊性《けんしつようせい》なんぞ任に堪えん、
寤寐思之涙空下　寤寐《ごみ》これを思うて涙空《なんだむな》しく下る。

釈尊から西天の四七・東土の二三と伝わった祖師の仏法がだんだん滅びようとしている。だれかこの仏祖の法燈を続いでくれる者はいないであろうか。とは言っても、劣質下根《げこん》の人間では、到底その任に堪え得ない。ねてもさめてもこれを思って、むなしく涙を流すことである。

結句は良寛らしいとして、起句・承句さらに転句のごとき、これは一般の良寛像とはずいぶん異ったものであろう。

ますらをの踏みけむ世世のふる道は荒れにけるかも行く人なしに
いそのかみふるの古道《ふるみち》しかすがにみ草ふみわけ行く人なしに
きぎすなく焼野の小野《おぬ》の古小道《ふるおみち》もとの心を知る人ぞなき

読永平録

春夜蒼茫二三更
春雨和雪灑庭竹
欲慰寂寥良無由
暗裏模索永平録
焼香点燈静披見
一句一言皆珠玉
憶得疇昔在玉島
円通之先師
提示正法眼
当時已有景仰意
為請拝閲親履践
始覚従前漫費力
由是辞師遠往返
嗟々永平有何縁
到処逢着正法眼
参去参来凡幾回

『永平録』を読む

春夜蒼茫《そうぼう》たり二三更《こう》、
春雨雪に和して庭竹に灑《そそ》ぐ。
寂寥《せきりょう》を慰めんと欲すれどまことに由《よし》なく、
暗裏に模索す『永平録』。
香を焼《た》き燈を点じ静かに披《ひら》き見るに、
一句一言みな珠玉たり。
憶《おも》い得たり疇昔《むかし》玉島《たましま》にありて、
円通の先師、
正法眼を提示せしことを。
当時《そのとき》すでに景仰《けいぎょう》の意あり、
ために拝閲を請《こ》いて親しく履践《りせん》す。
始めて従前漫《みだり》に力を費せしことを覚《さと》り、
これより師を辞して遠く往返す。
ああ永平なんの縁かある、
到るところ逢着《ほうじゃく》す正法眼。
参じ去り参じ来るおよそ幾回ぞ、

其中往々無呵嘖
諸法知識参学到
二把此録約参同
噫無奈何諸方混
玉也石也無与分
五百年来委塵埃
職由是無択法眼
滔々皆是為誰挙
莫言感今労心曲
一夜燈前涙不留
湿尽永平古仏録
翌日隣翁来草庵
問我此書何為湿
欲道不道心転切
心転切兮説不及
低頭良久得一語
夜来雨漏湿書笈

その中《うち》往々呵嘖《かしゃく》なし。
諸法　知識に参学し到り、
二たびこの録を把《と》りてほぼ参同す。
ああ諸方の混ずるをいかんともするなく、
玉と石とともに分つなし。
五百年来塵埃《じんない》に委《ゆだ》ねしは、
職としてこれ法を択ぶの眼《まなこ》なきによる。
滔々《とうとう》皆これたがためにか挙《こ》する、
言うなかれ今に感じて心曲を労すと。
一夜燈前に涙留まらず、
湿《うるお》い尽す『永平古仏録』。
翌日　隣翁《りんおう》草庵に来り、
われに問う　この書なんすれぞ湿《うるお》いたると。
道《い》わんと欲して道《い》わず　心うたた切なり、
心うたた切なるも説き及ばず。
低頭やや久しうして一語を得たり、
夜来の雨漏《うろ》　書笈《しょきゅう》を湿すと。

春の夜もふけて、あたりが暗くなり、春雨が雪にまじって庭の竹に降りそそいでいる。さびしさを慰めようと思っても慰めるすべがないので、暗がりを手さぐりして『永平録』を取りだした。香をたき燈火をつけて、静かに開いて見ると、言々句々みな珠玉の文字である。思えば昔、玉島の円通僧堂にいた頃、なくなられた師匠の国仙和尚に『正法眼蔵』の提唱を受けたことがあった。その当時すでに自分は、この書をあこがれ仰ぐ心があったので、師匠にねがってお借りして拝読し、親しくその教えを実践した。そしてはじめて、それまでの努力がむだ骨おりであったことを悟って、和尚のもとを辞して、諸方を遍歴した。

ああ、自分と永平古仏との間には何の因縁があるのだろうか、行く先々で『正法眼蔵』の教えにぶつかる。こうしてこの『正法眼蔵』に参じ去り参じ来ること、およそ何回であったろう。その中にはままみずからを責めないでもすむ境地に入ることもあった。もろもろの法門を諸立の善知識に参学して、今ふたたびこの書を開いて見るに、ほぼその真精神に合することができたと思う。

ああ、諸方の禅は永平古仏のいわゆる純粋の正伝の仏法でなく、玉と石と交って区別ができないのをどうすることもできない。この尊い『正法眼蔵』が五百年来、ちりほこりにゆだねられて世に知られなかったのは、一に人々に法を択《えら》ぶ眼がなかったためである。永平古仏の滔々たる千万言は、すべて誰の為に説かれたものか。今日のありさまに慷慨《こうがい》して、わたしがみだりに心を労していると言ってくださるな。

これを思って、ひと夜、燈の前で涙がとまらず、すっかり『永平録』をぬらしてしまった。あくる日、隣家の老人が訪ねてきて、この本はなんでこんなにぬれているのか、ときく。答えようとして答ええず、胸がいよいよ切ない。あたまをたれて、しばらくじっとしているうちに、うまい答がうかんだ。「それはゆうべからの雨で雨もりして、本箱がぬれたためだよ。」

わが唱導の詞をきけ

唱導詞
風俗年年薄
朝野歳歳衰
人心時時危
祖道日日微
師盛唱宗称
資随而和之
師資互膠漆
守死不敢移
法倘可立宗

唱導《しょうどう》の詞《ことば》
風俗　年々にうすく、
朝野　歳々におとろう。
人心　時々《じじ》にあやうく、
祖道　日々にかすかなり。
師は盛んに宗称《しゅうしょう》を唱え、
資も随ってこれに和す。
師資たがいに膠漆《こうしつ》し、
死を守ってあえて移らず。
法もし宗を立つべくんば、

古聖孰不為
人人其立宗
嗟我焉適帰
諸人且勿喧
聴我唱導詞
唱導自有始
請従霊山施
仏是天中天
誰人敢是非
仏滅五百歳
人二三其儀
大士方此世
造論帰至微
唯道以為任
何是復何非
自仏法東漸
白馬創作基
吾師遠来儀

古聖《こしょう》たれかなさざらん。
人々それ宗を立てなば、
ああわれいずくにか適帰せん。
諸人しばらく喧《さわ》ぐなかれ、
わが唱導の詞《ことば》を聴け。
唱導にはおのずから始めあり、
請う霊山《りょうせん》より施《し》かん。
仏はこれ天中の天、
たれびとかあえて是非せん。
仏滅してより五百歳、
人その儀を二三にす。
大士《だいし》この世にあたり、
論をなして至微《しび》に帰す。
ただ道もって任となす、
いずれを是《ぜ》としまたいずれを非とせん。
仏法　東漸してより、
白馬　はじめて基《もとい》をなす。
わが師遠く来儀して、

諸法頓有帰
彼大唐盛矣
罔美於斯時
領衆兮匡徒
箇箇法中獅
頓漸雖逗機
南北未分岐
迨此有宋末
白璧肇生疵
五家逓露鋒
八宗並駆馳
余波聿遐拖
殆臻不可排
粤有吾永平
真箇祖域魁
夙帯太白印
扶桑振宗雷
大哉択法眼

諸法とみに帰するところあり。
かの大唐の盛んなる、
この時より美《うるわ》しきはなし。
衆をおさめ徒をただし、
箇々　法中の獅《し》たり。
頓漸《とんぜん》　機をとどむといえども、
南北　いまだ岐《き》を分たず。
この有宋の末におよんで、
白璧《はくへき》　はじめて疵《きず》を生ず。
五家　たがいに鋒《ほう》をあらわし、
八宗　ならびて駆馳《くち》す。
余《よ》波《は》ついに遐《はるか》にひいて、
ほとんど排すべからざるにいたる。
ここにわが永平あり、
真箇《しんこ》祖域《そいき》の魁《かい》たり。
つとに太白《たいはく》の印をおび、
扶《ふ》桑《そう》に宗雷をふるう。
大いなるかな択法眼《ちゃくほうげん》、

竜象尚潜威
盛矣弘通任
靡幽不蒙輝
合削皆已削
合施皆已施
自師去神州
悠悠幾多時
枳棘生高堂
蕙蘭草莽萎
陽春孰復唱
巴歌日盈岐
呼嗟余小子
遭遇於此時
大廈将崩倒
非一木所支
清夜不能寐
反側歌斯詩

竜象《りゅうしょう》もなお威をひそむ。
盛んなり弘通《ぐずう》の任、
幽《くら》きとして輝きを蒙らざるはなし。
削るべきはみなすでに削り、
施すべきはみなすでに施せり。
師の神州を去ってより、
悠々幾多の時ぞ。
枳棘《ききょく》　高堂に生じ、
蕙蘭《けいらん》　草莽に萎《しぼ》む。
陽春　たれかまた唱えん、
巴歌《はか》　日に岐に盈《み》つ。
ああ　われ小子、
この時に遭遇す。
大廈《たいか》のまさに崩倒せんとするや、
一木の支うるところにあらず。
清夜寐《い》ぬることあたわず、
反側してこの詩をうたう。

仏法を唱え衆生を導く詞《うた》。――世の風俗は年毎に薄れ衰え、人心の道義も仏祖の道も日毎に危うく微かになる。師匠は盛んに宗派の宗旨を宣伝し、弟子も同様にそれに追随する。師弟互ににかわのようにくっついて、宗派に固執してゆずらない。もし仏法に宗派を立ててよいのなら、古聖はみんなそれをなさったであろう。だれもが宗派を立てたら、われわれはいったいいずれに帰したらよいだろうか。諸君、しばらく黙って、わたしの唱導の詞《ことば》を聞いてほしい。

教えにはおのずから初めがある。釈尊のことから始めよう。仏は人天最高の大導師であるから、誰もあえてこれを是非する者はなかった。仏の滅後五百年たった頃から、だんだん仏説について異った考え方をする者が出てきた。その時、竜樹菩薩が現われて、精緻な教論を作って、すべてを大乗の至道に帰せしめられた。すべてただ仏陀の道を顕わすことを任としたもので、いずれを是としいずれを非とすることもできない。

さて仏法は東漸して、紀元六七年白馬寺が始めて中国の地に建てられた。さらに五二〇年達磨大師がはるばる渡来してより、それまでの中国仏法が急に禅に帰した。かくて唐代における禅の盛況は空前絶後である。多くの人々を禅に集めて教化し、一人一人の祖師が仏法中の獅子児であった。六祖慧能下と北宗神秀下と南北頓漸のはたらきに分れたけれども、まだ禅が二つに分れたのではなかった。宋末に及んで、玉のような禅宗にきずが生じた。すなわち内は潙仰《いぎょう》・臨済・曹洞・雲門・法眼という五家に分れて互いにほこ先を現わし、外は華厳・律・法相・三論・成実・倶舎・天台・真言の八宗に分れて各宗ならび争った。その余波ははるかに後代まで及んで、宗派の悪影響はほとんどのぞくべからざるに至った。

　このとき、わが永平高祖道元禅師があらわれた、真の仏法中の第一人者であった。禅師は早く中国の太白山で天童如浄和尚の印可を得られ、日本国に仏心宗の名を雷鳴のごとくとどろかせられた。その法を択ぶ透徹したするどい宗旨の眼の前には、竜象のごとき他宗の高僧碩学もなりをひそめた。かくて日本曹洞の教法の盛んに広く普及したことは、この国のどのような暗がりもその光りを受けない所はなかったほどである。削るべきはすでにすべて削り、加うべきはみなすでに加えられてあるのが、永平古仏の仏法である。

　禅師がなくなられてからもう何年になろうか。宗門にはいばらが生じ、教法は草むらにしぼんでしまった。調べ高い教説を誰がふたたび唱えようか、いまは卑俗な歌のみ日ましに巷《ちまた》に満ちていく。ああ、わたしはこんな時節に出会うたのだ。大きな建物がまさに倒れようとしている時、一本の材木でどうして支えることができよう。これを思うと、夜もねられず、ねがえりをうちながら、この詩を作った次第である。

僧の堕落をなげく

僧伽

落髪為僧伽
乞食聊養素
自見已如此
如何不省悟
我見出家児
昼夜浪喚呼
祇為口腹故
一生外辺鶩
白衣無道心
猶尚是可恕
出家無道心
如之何其汚
髪断三界愛
衣壊有相色
棄恩入無為

僧伽《そうぎゃ》

落髪して僧伽となり、
食《じき》を乞うていささか素を養う。
みずから見ることすでにかくのごとし、
いかんぞ省悟《せいご》せざらん。
われ出家児《じ》を見るに、
昼夜みだりに喚呼《かんこ》す。
ただ口腹《こうふく》のための故に、
一生外辺に鶩《は》す。
白衣《びゃくえ》の道心なきは、
なおこれ恕《じょ》すべきも、
出家の道心なきは、
その汚《お》やこれをいかんせん。
髪は三界の愛をたち、
衣《ころも》は有相《うそう》の色《しき》をやぶる。
恩を棄てて無為《い》に入り、

是非等間作
我適彼朝野
士女各有作
不織何以衣
不耕何以哺
今称釈氏子
無行亦無悟
徒費檀越施
三業不相顧
聚頭打大語
因循度旦暮
外面逞殊勝
迷他田野嫗
謂言好箇手
吁嗟何日寤
縦入乳虎隊
勿践名利路
名利纔入心

是非を等間になす。
われかの朝野をゆくに、
士女おのおの作《しわざ》あり。
織らずんば　なにをもって衣《き》、
耕さずんば　なにをもって哺《くら》わん。
いま釈氏の子と称するは、
行《ぎょう》もなくまた悟《さとり》もなし。
いたずらに檀越《だんおつ》の施《せ》を費して、
三業《さんごう》　相顧《あいかえり》みず。
頭《こうべ》をあつめて　大語をたたき、
因循《いんじゅん》として旦暮《たんぼ》をわたる。
外面は殊勝をたくましゅうして、
かの田野の嫗《おうな》を迷わす。
おもう　われこそ好箇手《こうこしゅ》と、
ああ　いずれの日にか寤《さ》めん。
たとい乳虎の隊に入るとも、
名利《みょうり》の路を践《ふ》むことなかれ。
名利わずかに心に入らば、

海水亦難澍
阿爺自度爾
暁夜何所作
焼香請仏神
永願道心固
似爾如今日
無乃不抵捂
三界如客舎
人命似朝露
好時常易失
正法亦難遇
須着精彩好
毋待換手呼
今我苦口説
竟非好心作
自今熟思量
可改汝其度
勉哉後世子

海水もまた澍《そそ》ぎがたし。
阿爺《あや》　爾《なんじ》を度《ど》せしより、
暁夜《ぎょうや》　なんのなすところぞ。
香をたいて仏神を請じ、
ながく道心の固からんことを願う。
爾《なんじ》　今日《こんにち》のごときに似なば、
すなわち抵捂《ていご》せざるなからんや。
三界は客舎のごとく、
人命は朝露に似たり。
好時は常に失いやすく、
正法《しょうぼう》もまた遇《あ》いがたし。
すべからく精彩を着《つ》くべくして好《よ》し、
手を換えて呼ぶを待つことなかれ。
いまわれ　ねんごろに口説《くぜつ》するも、
ついに好心の作《さ》にあらず。
いまよりつらつら思量して、
汝がその度《ど》を改むべし。
勉《つと》めんかな　後世の子、

莫自遺懼怖　みずから懼怖《くふ》をのこすなかれ。

髪をそって僧侶となり、乞食《こつじき》して修行する。そうした出家沙門をもってみずから任じている以上、どうして悟りを開かずにすまされよう。ところが、わたしが世の出家者を見ると、夜昼ただ説教だ読経だと、みだりに声をはりあげている。ただ生計のためにだけ、一生心を外に馳らせている。

在家で道心がないのは、まだ許されるとして、出家して道心がないのでは、その汚れはもうどうしようもない。髪をそるのは、三界の執着を断つため、衣をきるのはもろもろの形相のひっきょう空なるを悟るためである。恩愛のきずなを捨てて仏門に入り、浮世の是非を問題にしない。これが真の沙門ではないか。

世間ではどこでも男も女も何かしら働いている。機《はた》を織っては着物を作り、地を耕しては食物をえている。それなのに、今日仏門の僧と称するやからは、行《ぎょう》もなく悟りもない。ただいたずらに檀家の布施を空費して、身《しん》・口《く》・意《い》の三業《さんごう》を顧みようともせぬ。頭をあつめて大法螺《おおぼら》を吹き、古いしきたりを固守し伝統の上にあぐらをかいて日暮しをしている。外面は殊勝げなふるまいをしては、世の善良な婆さんたちをたぶらかしている。そしてわれこそ世渡り上手の坊主だと思うている。ああ、いつになったら目がさめるのか。

僧たるもの、たとえ子持ちの虎の群れに入るような危険なめに逢おうとも、名聞利《みょうもんり》益《やく》の路をふんではならぬのだ。わずかに名利の念にわたると、大海の水でも洗い尽せない。父親がおまえを出家させてから、朝な夕な何をしていると思うか。焼香して神仏を祭り、いつまでもおまえの道心の堅固であれと祈っているのだぞ。今日のようなありさまでは、初発心にふれそむいているではないか。

三界は旅館のごとく仮りの宿で、人の命は朝露ににてはかない。修行の好時節は失いやすく、正法にもめったに遇えないのだ。猛《たけ》く精彩をつけて精進せよ。手をかえて方便をめぐらして呼ばれるのを空しく待っていてはならぬ。わたしがいまこうしてくどくどと説くのも、決して好んでする説法ではない。今からよくよく考えてその態度を改めるがよい。はげめ後輩たち、あとでみずから後悔することのないように。

嗟見講経人　ああ　講経の人を見るに、
雄弁如流水　雄弁　流水のごとし。
五時与八教　五時と八教と、
説得太無比　説き得てはなはだ比なし。
自称為有識　みずから称して有識《うしき》となし、
諸人皆作是　諸人もみな是となす。
却問本来事　却《しりぞ》きて本来の事《じ》を問えば、
一箇不能使　一箇だに使うあたわず。

ああ、経録を講じる僧を見ると、さながら立て板に水を流すような雄弁ぶりだ。釈尊一代の教説たる五時八教も、説き得て見事に、比べるものとてもない。われとみずから大善知識と称し、世人もみなそうだとする。だが却《しりぞ》いて、ひとたび仏法本来の大事を問えば、ただの一つも経録の精神が使えない。

縦読恒沙書　たとい恒沙《ごうしゃ》の書を読むとも、
不如持一句　一句を持《じ》するにしかず。
有人若相問　人ありてもし相問わば、
如実知自心　如実《にょじつ》にみずからの心を知れ。

たとえガンジス河の沙《すな》の数ほどもある多くの書を読破しても、真実の一句を保つに及ばない。もし人あって、その真の一句とはと問うなら、ありのままに自己の心を知れ、と答えよう。

「仏道とは自己を習うなり」（道元）。己事《こじ》究明こそ、仏道の大事である。

痛ましいかな三界の客

痛哉三界客　痛ましいかな三界の客、

不知何日休
往還六趣岐
出没四生流
云君兮云臣
皆是過去讐
為妻兮為子
曷由出幽囚
縦得輪王位
竟作陶家牛
痛哉三界客
何日是歇頭
遥夜熟思惟
涙流不能収

知らず　いずれの日にか休せん。
往還《おうげん》す六趣の岐《ちまた》、
出没す四生《ししょう》の流。
君といい臣というも、
みなこれ過去の讐《あだ》。
妻となり子となるも、
なにによってか幽囚より出でん。
たとい　輪王《りんのう》の位を得るとも、
ついに陶家の牛とならん。
痛ましいかな　三界の客、
いずれの日にかこれ歇頭《かっとう》ぞ。
遥夜《ようや》　つらつら思惟《おも》うて、
涙流れて収むるあたわず。

痛ましいことだ、三界の迷いの衆生よ。生死《しょうじ》を輪廻《りんね》していつになったら休めることか。地獄・餓鬼・畜生・修羅・人間・天上の六道の巷を往ったり来たり、胎《たい》・卵《らん》・湿《しっ》・化《け》の四生の流れに出没する。君といわれ臣というも、みなこれ過去の仇《あだ》。妻となり子となるも、どうして囚人の境から出られよう。たとえ転輪聖王の地位をえても、因縁がつきればついにまた陶家の牛と生れかわる。痛ましいことだ、三界の迷いの衆生よ。いつ永遠の休みが得られることか。秋の夜長につらつらこれを思うては、涙があふれ出てとめることができない。

我見世間人
総為愛欲籌
求之有不得
心身更憂愁
縦恣其所欲
終是能幾秋
一受天堂楽
十為地獄囚
以苦欲捨苦
因之長綢繆
譬如清秋夜
月華中流浮
獮猴欲探之
相率水中投

われ世間の人を見るに、
すべて愛欲のために籌《はか》る。
これを求めて得ざることあらば、
心身さらに憂愁す。
たといその欲するところを恣《ほしいまま》にするも、
ついにこれ能《よ》く幾秋《とき》ぞ。
一たび天堂の楽《たのしみ》を受けんとして、
十たび地獄の囚《とりこ》となる。
苦をもって苦を捨てんと欲し、
これによってながく綢繆《ちゅうびゅう》す。
譬《たと》えば清秋の夜、
月華　中流に浮び、
獮猴《びこう》これを探らんと欲して、
相率いて水中に投ずるがごとし。

苦哉三界子　苦しいかな　三界の子、
不知何日休　知らず　いずれの日にか休せん。
遥夜熟思惟　遥夜《ようや》　つらつら思惟して、
涙下不能収　涙下《くだ》って収むるあたわず。

世間の人のすることをわたしが見るに、すべて自己の愛欲のために計っている。そしてそれが求めて得られないといっては、心身をさらに憂えさせる。たとえ望むところが意のままにできたとしても、ついに幾時それが保てることか。一回天堂の楽しみを受けようとして、十回地獄の囚われ人となる。そのように苦しみをもって苦しみを捨てようとするから、そのためにいっそう長く苦しみにまといつつまれることになる。たとえば秋の夜、月が水面に映ったのをみて、猿たちがこれを取ろうとして、大勢ひきつれて水の中に身を投ずるようなものである。苦しいかな三界の子よ。いつになったらその苦しみの休まる日があるのだろう。秋の夜長に、つらつらこのことを思うては、わたしは涙がとめようもなく流れ落ちることだ。

良寛詩の秘密

以上「古道を思う、わが唱導の詞をきけ、僧の堕落をなげく、痛ましいかな三界の客」と、良寛の正面きった慷慨の詩を読んできた。先に「大愚の生涯」のところでも触れたように、良寛はまず何よりもきびしい内省の人であった。次のような歌一つをみてもそれが感じられる。

何故に家を出でしと折ふしは心に愧《は》ぢよ墨染の袖

身をすてて世をすくふ人も在《ま》すものを草の庵《いおり》にひまもとむとは

いかにしてまことの道にかなはんとひとへに思ふ寝てもさめても

内にこうしたきびしい自省があり、外に仏教界の現状を深くいきどおり、三界の迷いの子を憐む、この気概のはげしさがあってこそ、始めて晩年のこの人の、あの慈愛に満ちた温かな和《やわ》らぎの底に秘められた熱火がわかる。良寛のあの温かさと和らぎとが、こうしたかれの道に対する厳しさにしっかりと根をすえていることを、良寛の詩はなによりもはっきりと示している。

禅僧良寛は、決してただ単なる愚者ではなかった。かれの詩は、かれの熱い情火を、いな、澄み切って深く透徹した冷たい知性さえをも感じさせる。それは一般に知られているさまざまな逸話の主としての良寛の姿と、一見何と遠い隔りのあることか。

良寛はあるとき茶の湯の席によばれた。いわゆる濃茶《こいちゃ》であった。良寛は廻ってきた茶をうっかり全部飲んでしまった。ふと気がつくと、次席に客がある。良寛はあわてて、口の中にふくんだ茶を碗の中に吐き出して次客に与えた。その人はその茶を念仏を唱《とな》えて飲みほしたという。

ある人がいった。「金を拾うということは楽しい」と。良寛はためしに自分で金をすてて、自分で拾ってみた。ちっとも楽しくない。初めはその人が自分をだましたのかと思った。捨てること三度、とうとうほんとうにどこかへ金をなくしてしまった。良寛は一所懸命に探して、その金を見つけた。この時になって始めて金を拾うことの楽しさがわかった。かれは言った。「あの人はわたしを欺《あざむ》かなかった。」

こうした大愚の逸話の数々と、われわれがかれの詩集にみてきたような知性慷慨の人と、どこでどう結びついているのであろうか。わたしは思う。

良寛はそのはげしいいきどおりと、きびしい内省と、そしてあふれる衆生への慈愛との一切を、あげてその「大愚」の生涯に投入したのである。そこに良寛のいわゆる「大愚」の秘密があったのだと（一八〇頁「大愚の涙」参照）。

慈愛の人良寛

良寛は毎年田植時になると、きまって農夫が田植をしているようすを自分で描いて、それを庵室にかけ、その前に香華を供えた。秋の収穫期にもまた同様であったという。

この頃はさ苗とるらしわが庵《いお》は形《かた》を絵に描き手向けこそすれ
あしひきの山田の爺《おじ》がひねもすにいゆきかへらひ水運ぶ見ゆ
秋さめの日に日に降るにあしひきの山田の爺は晩稲《おくて》刈るらむ
ひさかたの雨も降らなむあしひきの山田の苗のかくるるまでに
あしひきの山田のかかし汝《なれ》さへも穂ひろふ鳥を守《も》るてふものを
比丘《びく》はただ万事はいらず常不軽《じょうふぎょう》菩薩の行《ぎょう》ぞ殊勝なりける

ここに先の詩の慷慨のはげしさをふまえて大愚に徹した沙門良寛の晩年の心境がある。しかもなおこの自省！　それはまた良寛の他力浄土門への心にもつらなる。

任運騰々と他力

おろかなる身こそなかなかうれしけれ弥陀《みだ》のちかひにあふと思へば

我ながら嬉しくもあるか弥陀仏《みだぶつ》のいますみ国に行くと思へば
かにかくにものな思ひそ弥陀仏の本《もと》の誓《ちかい》のあるにまかせて
わたしにし身にしありせば今よりはかにもかくにも弥陀のまにまに
草の庵に寝てもさめても申すこと南無阿弥陀仏南無阿弥陀仏

また良寛の作と伝えるものに左記がある。

善根の蛍《ほたる》は招けども来らず
煩悩の蚊は払へども去らず
雑行《ぞうぎょう》の団扇《うちわ》を棄てて
他力うれしや蚊帳《かや》の中

人あるいは言わん、自力の禅者良寛がどうして他力の念仏を唱えるのかと。しかし宗教の極致において、自力と他力とはけっして別物ではない。まして良寛は曹洞宗の禅者であった。「仏の方より行われて」といった道元の禅法からは「信の仏法」へほんの一息である。

またたとえそうでなくても禅から他力へそう遠い道のりではない。次の良寛の詩を見よう。

花無心招蝶　花は蝶を招くに心なく、
蝶無心尋花　蝶は花を尋ぬるに心なし。
花開時蝶来　花開く時蝶来り、
蝶来時花開　蝶来る時花開く。
吾亦不知人　われもまた人を知らず、
人亦不知吾　人もまたわれを知らず、
不知従帝則　知らずして帝則《ていそく》に従う。

花は無心で蝶をまねき、蝶は無心で花をたずねる。花が開く時に蝶がくるし、蝶がくる時に花が開く。わたしは他者を知らぬし、他者もわたしを知らぬ。互いに知らぬながら、それでいて自然の法則に従っている。

花開くとき蝶がくる、他力の本願不思議によって始めて自力が開ける。蝶がくるとき花が開く、自力を尽くして始めて真に他力がわかる。小さな自己を投げ出して、己れを空《むな》しうして、一切のはからいをはなれる時、そこに始めて「天真自然」に通ずる道がある。「捨ててこそ」それは自力宗・他力宗を問わず、宗教の極致である。禅者の「任運騰々」から弥陀の絶対他力の信へ、それはほんの一またぎではないか。そして「自然法爾《じねんほうに》」こそ、仏教の本質である。

衣裡の珠

最後に良寛の悟りに関係のあると思われる詩を若干あげる。

記得壮年時　記得《きとく》す壮年のとき、
資生太艱難　生に資するははなはだ艱難《かんなん》なりしを。
唯為衣食故　ただ衣食《えじき》のための故に、
貧里空往還　貧里《ひんり》にむなしく往還《おうげん》す。
路逢有識人　路に有識《うしき》の人に逢《あ》い、
為我委悉説　わがために委悉《いしつ》に説く。
却見衣内宝　しりぞいて衣内《えない》の宝を見る、
于今現在前　今において現に前にあり。
従見自貿易　見るに従うてみずから貿易し、
到処恣周旋　到る処ほしいままに周旋す。

壮年時代のわたしの生活ははなはだ困難であったことを記憶している。ただこの心の衣食のために、貧しい里を空しく往ったり来たりした。幸い、その求道の路で善知識に逢うことができて、わたしのために懇切に説いてもらった。それで始めて外に求めず自己に返照して、自分自身の衣内の宝の珠を見出すことができた。今も現にその珠は目の前にある。その珠を発見したのにつれて、自分であきないができるようになって、それからというもの到る処を自由にかけめぐっている。

十方仏土中
一乗以為則
明明無異法
何失亦何得
雖得非新条
失時誰辺匿
君見衣裡珠
必定作那色

十方仏土《じっぽうぶつど》のうち、
一乗《いちじょう》もって則《そく》となす。
明々にして異法なし、
なにをか失いまたなにをか得ん。
得といえども新条にあらず、
失うときたが辺《ほとり》にか匿《かく》るる。
きみ見よ　衣裡《えり》の珠《たま》は、
必定《ひつじょう》なんの色をなすや。

十方の仏国土の中で、ただ一乗の法だけが依るべき真理である。明々白々でこのほかに異った真理はない。いったい何を失い、何を得るというのだ。得たといっても新しい何物でもなく、失うたというときどこかに隠されたのでもない。君見るがよい、衣の中の宝珠にたとえられる本心は、いったいどんな色をしているか。

道妄一切妄　妄《もう》と道《い》えば　一切妄なり、
道真一切真　真と道《い》えば　一切真なり。
真外更無妄　真の外にさらに妄なく、
妄外別無真　妄の外にべつに真なし。
如何修道子　いかんぞ　修道子、
只管欲覓真　ひたすら真を覓《もと》めんとは欲する。
試要覓底心　試みに覓《もと》めんと要する底《てい》の心は、
是妄乎是真　これ妄か　これ真か。

虚妄《こもう》だといえば一切が虚妄だし、真実だといえば一切が真実である。真のほかに妄はなく、妄のほかに真はない。修行者よ、どうして妄をすてて真だけを求めようとするのか。試みにたずねるが、君が求めようとしているその心は、それ自体が妄なのか真なのか。

衣内の珠は、妄の中にある真である。煩悩そのままが菩提《さとり》なのである。それが一乗の法である。それはもともと衣内に、自己の脚下にあるものなのだから、得たといってもそのとき始めて得たのではない。本来自己がそれであったのである。これまでそれを外にばかり（妄をはなれて真ばかり）求めたのは、ほんとに無駄な骨折りであった。

無欲一切足　欲なければ一切足り、
有求万事窮　求むるあれば万事窮す。
淡菜可療饑　淡菜《たんさい》　饑《うえ》を療《いや》すべく、
衲衣聊纏躬　衲衣《のうえ》　いささか躬《み》に纏《まと》う。
独往伴麋鹿　独り往《ゆ》きて麋鹿《びろく》を伴とし、
高歌和村童　高歌して村童に和す。
洗耳岩下水、　耳を洗う岩下の水、
可意嶺上松　意《こころ》に可なり嶺上の松。

欲がなければすべてに満足するが、求める心があると万事窮る。粗食でも空腹をいやせるし、やぶれ衣でも身をつつむには足りる。独り歩きをしても鹿たちがいっしょだし、村の子供たちと声高らかに歌もうたう。岩下の水は浮世で汚れた耳を洗うによく、峰の上の松はわたしのお気に入りである。

山かげの荒磯《ありそ》の浪の立ちかへり見れども飽かぬ一つ松の木

観音

観音《かんのん》

風定花猶落
鳥啼山更幽
観音妙知力
咄

風定まって　花なお落ち、
鳥啼《な》いて　山さらに幽《しず》かなり。
観音《かんのん》の妙知力《みょうちりき》、
咄《とつ》。

風が静まって、花はそれでも散るし、鳥がないて山はいっそう静かである。観音さまの妙智力。咄！

静即動、動即静。禅定即般若、般若即禅定。大智即大悲、大悲即大智。そこに観音の妙智力がある。咄！　何を馬鹿なことをいう。

風狂の禅と詩と・一休禅師『狂雲集』

一　風狂の自由人

天皇の庶子として生れる

一休（一三九四―一四八一）、名（法諱）は宗純、字《あざな》（道号）は一休、みずから狂雲子と号した。後小松天皇の明徳五年（一三九四）正月元日、洛西（京都の西）嵯峨の民家に生れた。幼名を千菊丸といい、時の天子後小松帝の落胤*と伝える。

明徳五年といえば、明徳三年（一三九二）閏《うるう》十月、南朝最後の天子後亀山帝が、涙をのんで神器を北朝方に渡し、五十七年に及ぶ同朝の分裂がいちおう幕をとじて、いわゆる南北合

＊一休の弟子でその実子といわれる岐翁紹偵《きおうじょうてい》に参禅した菅原和長の記に、「一休和尚は後小松天皇の落胤で皇子であるが、世間の人はこれを知らない」とあり、『和長記』は『大日本史』にも引用されて、よく知られている。現に酬恩庵の旧境内にある一休の墓は、「後小松天皇皇子宗純王墓」として宮内庁陵墓課の手で管理されている。

体がなってから足かけ三年めである。

母は藤原氏とあるだけで、くわしいことはわからない。酬恩庵や真珠庵の後董《こうとう》（後を嗣いだ住持）である弟子の墨斎《ぼくさい》の筆になるとされる『一休和尚年譜』の伝えるところによれば、

その母は藤氏、南朝簪纓《しんえい》の胤にして、後小松帝に事《つか》え、よく箕箒《きそう》し奉る。帝寵渥《あつ》し。后宮譖《しん》して曰く、「かれ南志あり、つねに剣を袖にして帝を伺う」と。よって宮囲を出でて、民家に入編して、もって師を産む。（原漢文）

とある。

母は南朝方の公卿の出で、後小松天皇の側近く仕えて、帝《みかど》の寵愛がことのほかあつかったが、皇后がこれを嫉妬《しっと》して、「彼女は南朝方に志があり、帝を害しようとして常に剣を袖にして、おいのちをねらっている」と、いつわりのうったえをした。それで宮中を出て、嵯峨の民家で師を産んだ、というのである。ありそうな話である。

天沢七世東海純一休

一休がほんとうに後小松帝の庶子であるかどうかは疑う向きがないでもないが、かれのあの天衣無縫の人柄、僧としてまことに自由奔放な言行など、やはり「竹の園生《そのお》のやんごとなき」と言ってみたくなるから妙である。

天《あま》の沢《さわ》東の海を渡りきて後《のち》の小松の梢《こずえ》とぞなる

一休の歌と伝えて、大徳寺山内の真珠庵（一休が住んだ瞎驢《かつろ》庵の跡）に色紙があるという。「天の沢」は天沢《てんたく》で、一休がもっとも私淑した中国宋代の禅僧虚堂智愚《きどうちぐ》（一一八五―一二六九）のことである。一休はよくみずから「虚堂七世の孫」と署名している。薪村《たきぎ》の酬恩庵（一休晩年の住庵、俗に一休寺という）の宝物中にも「天沢七世東海順一休老衲」＊（宗純の純をまた順とも書いた）と書かれた文字が残っているという。

先の和歌は、中国の天沢庵の塔下に眠っておられた虚堂和尚が、東の海を渡って日本に渡来され、後小松帝の庶子として生れ変ったのが、この一休である、という意であろう。

＊『狂雲集』（一休の詩偈《しげ》集）にも「天沢の児孫」の語が見える。ちなみに虚堂の別号としては「息畊《そっこう》」のほうが知られているが、虚堂を「天沢」というのは、次の因縁による。

南宋の理宗帝の景定五年（一二六四）、虚堂は年八十で勅命を奉じて浄慈《じんず》寺に住職したが、師の徳を慕う雲水が集まって、たちまち僧堂は満衆となり、その半ばは堂外に住むという盛況であった。このことが天聴に達し、朝廷から絹百疋・造帳・米五百碩・楮券《ちょけん》十万貫・田三千余畝を賜った。

ついで度宗帝の咸淳元年（一二六五）秋八月二十五日虚堂は径山《きんざん》に転住したが、その年の秋十月、勅詔《みことのり》を奉じて雪を祈った。このとき勅使に期日を問われた虚堂は「今夕」と断言したが、はたしてその言葉に違わなかった。朝廷からは綾牒二十道・銀券等を賜り、僧堂・浴堂・行堂を一新した。

こんなことがあって師は両朝の恩遇に感じて、賜うところの帑帛《どはく》をもって、径山に新たに一庵を創建し、扁して「天沢」（天のめぐみ）といい、近くに塔をきずいてここをみずから埋骨の地と定めた。

これは余計なことだが、虚堂のここにいう「天の沢《めぐ》み」を単に天子の恩沢とのみ解したら、真意を見失うことになろう。「天沢」の二字に参じようとする人は、『虚堂録』をひもといて天沢の禅の真旨に参ずるところあらねばならぬ。（中島鉄心述『虚堂録義解』虚堂録義解刊行会刊参照）

母の遺書――釈迦達磨も奴とせよ

世に、一休の母がわが子にあてた遺書と伝えられるものに、左記がある。

　我《われ》今娑婆の縁《えにし》つき、無為の都におもむき候。御身《おんみ》よき出家に成り玉《たま》ひ、仏性《ぶっしょう》の見をみがき、そのまなこより、我々《われら》地獄に落つるか、落ちざるか、不断《ふだん》添ふか、そはざるかを見玉ふべし。仏《ほとけ》四十余年説法し玉ひ、釈迦・達磨をも奴《やっこ》となし玉ふ程《ほど》の人に成り玉ひ候はば、俗にても苦しからず候。仏四十余年説法し玉ひ、つひに一字不説とのたまひし上は、我と見、我と悟るが、かんやう（肝要）に候。何事も莫妄想《まくもうぞう》。あなかしこ。

　　九月下旬　　　　　　　　　　　　　　　　　　　　不生不死身

千菊丸殿へ

かへすがへすも、方便のせつ（説）をのみ守る人は、くそ虫と同じ事に候。八万の諸聖教をそらによみても、仏性の見をみがかずんば、此文《このふみ》ほどの事も解《げ》しがたかるべし。

　これとてもかりそめならぬわかれては　かたみとも見よ水茎のあと

　これも真偽のほどは問題だが、この母から一休が出たと見ても、逆に一休からこの遺書が創作されたとしても、どちらでもよい。要は、これが一休の母の遺言として、後人によって書きとめられ、信じられてきたところに「一休伝」としての意義を見たい。

疾風怒濤の青年時代

一休は六歳でこの母のもとを離れて、安国寺の長老像外《ぞうがい》の侍童となり、名を周建と呼ばれた。十二歳の時、宝幢寺《ほうとうじ》で壬生寺《みぶでら》の清叟《せいそう》の『維摩経』を講ずるのをきき、翌十三歳から東山建仁寺の慕喆《もてつ》を師として作詩を学んだ。清叟にも、ひきつづき内典・外典の講義を受けた。

十七歳、西金寺《さいこん》の謙翁の高風をきき、その室に投じて宗純と改名、関山一流の禅に参じた。おること五年、一日謙翁は若い一休に向って言った。「わが蘊蓄《うんちく》はすでにおまえのために傾け尽くした。しかし私《わし》は師の左証を受けなかったから、おまえを証明することをしない」と。謙翁宗為は、師の無因宗因の印証を謙遜して受けなかったので、師に謙翁の道号をもって称せられた鉄漢であった。二十一歳の十二月、この師は葬儀の金も残さぬ清貧の中に世を去った。

悲歎にくれた一休は、清水観音に詣でたのち、いったん母のもとに帰り、さらに大津に出て、石山観音に一七日《いちしち》の参籠をした。このとき一休は、ある一日湖水に身を投じて自殺しようとしたことがあるが、たまたま母の使いがきて事なきを得たという。後年の洒脱自在の一休からは想像もされぬ、青年の日の煩悶懊悩、疾風怒濤の時代であった。

堅田の一休

本来の面目坊の立ち姿ひとめ見しより恋とこそなれ

我れのみか釈迦も達磨もあらかんもこの君ゆゑに身をやつしけり

翌二十二歳、一休は江州堅田《かただ》の禅興庵の華叟宗曇《かそうそうどん》の門をたたいた。華叟の鉗鎚《けんつい》の峻厳さは、当時天下の修行者を戦慄させたものであった。もちろん一休の入門はにべもなく一言のもとに拒絶された。一休は夜は漁舟に投じ、露地に臥して、日中は門前にがんばり通した。四、五日たって、たまたま村のお斎《とき》に出かけた華叟がこの一休の姿を見て、伴僧に水をぶっかけて追い払えと命じた。やがて帰庵した華叟は、なおも依然として門前の大地に坐りつづけている一休をみて、始めて相見《しょうけん》を許した。

華叟の教育は辛辣《しんらつ》をきわめた。修行の上において少しの人情も加えなかった。たとえばこんなことがあった。ある日、華叟は一休に薬草をきざむことを命じた。そのとき一休は過って指をきり、鮮血はしたたって薬砧《やくちん》を染めた。じろりとそれを見た華叟は、「お前は若くて丈夫なはずなのに、何という軟弱な指をしておるか」と、ののしった。

修行中の師弟の間柄は「あだかたき」のごとくでなければならぬというが、この厳師のもとにあって、一休の文字通り生命《いのち》がけの参禅がつづいた。筆者はかつて平福百穂《ひゃくすい》の「堅田の一休」と題する画に心をうたれた経験がある。それはこの頃の一休が、夜湖水に浮ぶ小舟の中で、真剣に坐禅する姿を画いたものである。こうして四年の年月が経過して、応永二十五年（一四一八）、二十五歳、一日盲法師が平家琵琶《びわ》を奏して、祇王が清盛入道の寵を失って髪をおろして尼となる一段をきいて、忽然として「洞山三頓の棒」（『無門関』第十五則）の公案を悟った。華叟はこれを肯《うべな》って、道号として「一休」の二字を大書して与えた。

有漏路《うろじ》より無漏路へ帰る一休《ひとやす》み雨ふらば降れ風ふかば吹け

さらに二年たって応永二十七年の夏五月二十日、一休は闇夜になく烏《からす》の声をきいて豁然として大悟した。朝になるのを待ちかねて、師の室に入って見解を呈すると、華叟は「それは羅漢（小乗の覚者）の境界だ。作家《さっけ》（すぐれたはたらきのある）の禅者ではない」と言った。しかし、もう一休は黙って引込んではいなかった。ただちに「これが羅漢の境界で作家でないと言われるなら、わたくしはただ羅漢を喜んで作家を嫌うだけです」と、切り返した。そのときはじめて華叟は微笑して、「おまえこそ真の作家だ」と許した。

十年以前識情心　　十年以前識情の心、
嗔恚豪機在即今　　嗔恚《しんに》豪機即今にあり。
鴉笑出塵羅漢果　　鴉《あ》は笑う出塵の羅漢果、
昭陽日影玉顔吟　　昭陽日影玉顔の吟。

これはこのとき一休が師に呈した投機の偈《げ》（悟りの詩）という。

印可状を焼く

華叟はそのとき印記を認めて一休の悟徹を証明しようとした。しかし一休はそれに目もくれず、投げ捨てて顧みなかったという。のちにみずからの死期の近いのを悟った華叟は、わざわざ輿《こし》にのって京都の華林宗橋夫人（一休と同門の女性）を訪ね、事情を説明して自分の死後折を見て一休に手渡してくれるように頼んだ。その印記の末尾には、次の文字が書き加えられてあったという。

純蔵主《ぞうす》悟徹ののち、一紙の法語を与えしに、「是れ甚麼《なん》の繋驢橛《けろけつ》（ろばをつなぐくい、つまらぬもの）ぞ」と道《い》いて、払袖《ほっしゅう》して去る。謂《い》つべし瞎驢辺《かつろへん》（めくらろば、臨済末後の故事）に滅するの類《たぐい》なりと。臨済の正法もし地に堕《お》ちなば、汝出世し来ってこれを扶起《ふき》せよ。汝はこれ我が一子なり。これを念《おも》え、これを思え。

応永二十七年五月日　　華叟

この印記は故あって宗橋夫人の手から源宰相に託されて保存せられ、正長元年（一四二八）一休三十五歳の年に華叟が遷化《せんげ》してのち約十年して、永享九年（一四三七）一休四十四歳の時、源宰相を土御門殿に訪問した折に、ふたたび一休の手に渡された。そのとき一休は言った。

「今日仏法は混乱して、大法眼を具する者はない。竜蛇弁ぜず、邪正分たざるありさまである。かれらはわずかに一枚の印可状を得れば、「自分は誰々の法を嗣いだ」と称する。浩々として麻のごとき、これら贋徒《にせもの》の横行を許しておいてよいでしょうか」と。

一休はついにこの印記をこなごなにひきちぎって火に投じてしまった。あわれ「汝はこれ我が一子なり」とまで言われ、「正法もし地に堕ちなば、汝出世し来ってこれを扶起せよ」との師の遺嘱を、一休はいったい何と受けとめたのであろうか。かれの「自賛」の詩の一つに左記がある。

華叟子孫不知禅
狂雲面前誰説禅
三十年来肩上重
一人荷担松源禅

華叟《かそう》の子孫 禅を知らず、
狂雲面前 誰か禅を説く。
三十年来肩上《けんじょう》重し、
一人荷担《いっにんかたん》す松源の禅。

風狂というといえども

一休大悟の翌年、華叟は腰疾をわずらって、椅子に坐ったままで、大小便ともに垂れ流しで、下においた器に受けるという状態であった。そのとき弟子たちが輪番で師の下《しも》の始末をしたが、一休だけは道具を使わず、自分の手でこれを清めた。そして「師匠の汚れを何でいやがることがあろうか」と言ったので、みんなが恥じて顔を赤くしたという。一休という人はこんな純な心の人であった。

華叟は翌年一休二十九歳の時、大徳寺でいとなまれた言外宗忠の三十三回忌に病をおして参会した。この時のことである。式後如意庵で休息していた華叟のところに、法弟の日照がきて問うた。「和尚百年ののち付法誰人ぞ。」そのときすでに華叟ははっきり言明したという。「風狂というといえども箇《こ》の純子あり」と。風変りの、気違いじみたやつだが、一箇の宗純がいる、というのだ。先の「汝はこれわが一子なり」の語とともに、華叟がいかに一休に望みを託したかを知ることができる。

歴代の祖師への傾倒

この二十九歳の法会の前後から、一休は華叟のもとを離れて、聖胎長養《しょうたいちょうよう》の行脚《あんぎゃ》の旅に出で立ったらしい。これ以後、一休が歴代の祖師たちの行履《あんり》や語録等に沈潜して、古教照心したことは、後節にのべるかれの詩によってはっきりと見ることができる。なかんずく中国の虚堂《きどう》智愚、わが国の大応・大燈の二師への傾倒がいちじるしい。先にものべたように一休によくみずから「虚堂七世の孫」と自署した。かれがその晩年をすごした山城国甘南備《かんなび》山麓の薪村の俗称一休寺は、大応国師の妙勝寺の跡に一休が建てた酬恩庵である。一休はここに国師の尊像を新造しては、「虚堂の的子老南浦、東海の狂雲は六世の孫」と歌った。大徳開山の大燈国師への帰投は、ここにあらためて言うまでもない。

大燈門弟滅残燈　大燈の門弟残燈を滅し、
難解吟懐一夜氷　解けがたし吟懐一夜の氷。
五十年来簑笠客　五十年来簑笠《さりゅう》の客、
愧慚今日紫衣僧　愧慚《きざん》す今日紫衣《しえ》の僧。

これは一休が八十一歳で勅をうけて大徳寺の住持となった時、賀客に答えた詩である。

一休の後半生

一休十九歳の年、後小松天皇は称光天皇に譲位され、その後はたびたび一休を宮中に召して禅要を問われた。ついで称光天皇・後花園天皇・後土御門天皇の三帝も、深く一休に帰依された。永享五年（一四三三）、後小松上皇は崩御の数日前に特に一休を召されて親しく法を聴かれた。

一休は四十五歳の時、銅駝坊の北にあった知人の小庵に住して、坐禅を事として、参禅の数輩以外には門を閉じて会わなかった。この頃にはもう「活《い》き仏《ぼとけ》」一休の名は市井にも高かったのである。四十七歳、永享十二年六月、大徳寺山内の如意庵に住職。先師華叟の十三回忌をいとなみ、翌七月には一偈を壁にはって、また瓢然と退席してしまった。住庵わずかに旬日余であった。

四十九歳の時、譲羽山に尸陀寺《しだじ》を建てて隠れ、翌年にはまた京に出て室町あたりに住んだ。その後四年をへて、一休五十四歳の時、大徳寺に大事件が起り、一休はこれを怒って再び譲羽山に隠れ、みずから食を絶って自殺をはかった。これを聞かれた後花園天皇は、特に勅使を遣《つか》わして一休の自重を懇請され、「和尚決してこの挙あらば、仏法・王法ともに滅せん。師あに朕《ちん》を捨てんや。師あに国を忘れんや」と仰せられた。一休は恐懼《きょうく》して、京に帰った。翌年二本杉の小庵に仮寓し、また売扇庵にも住んだ。五十九歳、瞎驢《かつろ》庵に移り、六十三歳、薪村の大応国師の妙勝寺を修して国師の像を安じ、六十六歳、大徳寺山内の徳禅寺に晋山（住職になること）、翌年先師の三十三回忌をいとなむ。六十八歳、嵯峨の竜翔寺（大応国師塔所）を修興し、七十歳、賀茂山に入って大燈寺に寓し、年末また瞎驢庵に移った。七十四歳、応仁の乱で庵が焼けたので、薪村の酬恩庵に入った。七十六歳、兵乱をさけて大和・和泉・摂津と転々として移った。

文明六年、八十一歳、大徳寺住持の勅請を拝命、紫衣を賜った。入寺後は応仁乱後の復興に力を尽くしたが、ふだんは薪村の酬恩庵を本拠とすることが多かった。文明十三年十一月二十一日泊然として眠るがごとく同庵に坐逝した。世寿八十八。遺偈《ゆいげ》にいう。

須弥南畔　　須弥南畔《しゅみなんぱん》、
誰会我禅　　誰か我が禅を会《え》する。
虚堂来也　　虚堂来るも、

不直半銭　半銭に直《あたい》せず。

満天下誰一人として自分の禅を理解する者はいない。たとえわが虚堂禅師が出現されたとしても、ここでは半文にも値しない。仏祖といえども「不識不会」というところ、そこに虚堂の、そして一休の禅があるというのだ。単に自分の禅を知るのは我れのみというには尽きない。

また、

借用申す昨月昨日、
返済申す今月今日。
借り置きし五つのものを四つかへし　本来空にいまぞもとづく。

四つのものは地・水・火・風の四大（肉体を構成する四つの要素）。今こそこの借用の肉体を返済して「本来空」の本地に帰る、と。

一休はかつて言った。「我が存生《ぞんしょう》の時だにも、純蔵主《ぞうす》（一休自身）が印可と名のる者あり。我が身後（死後）には、如何なるぬす人かありて、仏法にきずをかつけ、祖師の頭面に悪水をかそそぎ奉らんずらん、と歎かしく存じて、起請文をもって申す。華叟和尚は言外和尚よりの印可なし。宗純また華叟よりの印可なし。もしこの事《じ》虚言ならば、諸仏列祖の御罰《おんばち》あたりて、眉鬚堕落《びしゅだらく》の報を受《むく》いくべきなり、云々。」

すなわち一休には嗣法の弟子はいないというのだ。かれの後董墨斎は法嗣というより文字通りの後住で、庵守りであり、禅僧としてより画家として有名であった。かれの筆になる一休像は世に有名である。

人間性丸出しの自由人

一休の詩集『狂雲集』をひもとく時、まず第一に気のつくことは、あの独立不遜の反骨漢が、歴代の祖師方に献げる至心の純情である。一休の華叟下での大悟と、この仏祖への傾倒沈潜を忘れては、後半生の自由奔放なあの破天荒な行状は、けっして正しく理解できないであろう。それはそのまま次の第二の特色につらなる。すなわち、かの、どぎついまでの俗僧たちへの反感・批難・悪罵・痛罵である。ことにそれは兄弟子養叟宗頤《ようそうそうい》への熱罵にいちじるしい。養叟は一休より十八歳年長の、華叟下の師兄《すひん》であった。華叟に従うこと十六年、ついにその証明を得て、大徳寺第二十六世の住持となった人である。多くの信者をもち大徳山内に大用庵を、堺に陽春庵を建てた。一休六十一歳の頃から両者の不和が表面に現われ、養叟の死後もなお一休の悪罵はやまない。一休が養叟の法嗣春浦宗熙を罵ったために、その弟子たちに害を加えられようとしたこともある。その著『自戒集』に見える一休の養叟批難の言は、そのまま引用するをはばかられるほどである。後節に、『狂雲集』からこれらの詩若干を引いておく（二八四頁以下参照）。

一休は養叟一派を「法盗人」と批判している。養叟から春浦の頃にかけて、特定の公案を選び、それに一種の手引を加えて得法させるという、禅の大衆化・公案の早わかりが企てられ、いわゆる大徳派の「密参」ないし「数え参」といわれる傾向が起った（古田紹欽博士）。思うに、一休にはこの養叟師弟による禅の俗化・法の安売りが何としても腹にすえかねたのであろう。宗教家の本領を忘れて、官にへつらい世にこびる贋《にせ》坊主と、口をきわめて罵らずにはおられなかったのである。かれは大徳二世徹翁《てっとう》和尚が「栄衒の徒に示した法語」をひいていう。「仏法をもって度世《とせい》（生活の方便）となす。これ世上栄衒（世に栄えみずからをてらう）の徒なり。およそ身あれば着ずということなく、口あれば食《くら》わずということなし。もしこの理を知らば、あに世に衒《てら》わんや、あに官家に諛《へつら》わんや。かくのごときの徒は、三生六十劫、餓鬼に入り畜生に入りて、出期《しゅつご》なかるべし。あるいは人間に生るるも、癩病の苦を受け、仏法の名字を聞かず、懼《おそ》るべし」と。一休はこの語を受けて、養叟や春浦を「癩病人」と罵るのである。これは今日から見れば弁護の余地もない一休の罪過であるが、「狂雲子」の「狂」たるゆえんの短所も長所も同時にそこにあった。禅を売物にし糊口の資としていた当時の俗僧どもへの、一休のこの猛烈なプロテスト――かれは養叟を指して、毒蛇・臭汗・猢孫《こそん》・姦賊・畜類・覿面《てきめん》辱死三百鞭などという――は、それはそれとして評価せねばならない。

しかし、一休はまた他人にきびしければ自己にもきびしかった。『狂雲集』第三の特色として、筆者はその自責・自嘲・自賛の詩の若干を後節に引くであろう。これは第二の俗僧批判と第四の性の謳歌の両面にかかって、その裏づけとなっている一休詩の大事な一面である。かれの求道、かれの悟り、かれの祖師への沈潜、そしてかれのこのきびしい自責を見逃したら、一休を真に理解することはできない。「風狂」の風狂たるゆえんは、これらとの微妙なバランスの上に形づくられた心境であるからである。

そして最後は、例の夢閨《むけい》と名のり恋法師と狂う男色・女色の赤裸々な性の自由境を、少しの遠慮気兼ねもなく歌っている一群の詩である。白隠は富士山の画に賛をして、「不二の白雪や朝日でとける」とだけ書いて、わざと下の句を伏せている。しかし、一休はそこをズバリと「娘島田は寝てとける」と言い切ってしまう。かれは誰はばかるところなく、平気で酒《しゅ》肆《し》淫坊《いんぼう》にも出入した。僧の身でみずから恋愛の甘味も体験した（瑞輪寺の岐翁紹偵は一休の実子だといわれる）。人間性丸出しに、酒を飲み、肉を食い、女を抱き、自然のままに、赤裸々に、自由に、ひたすらに生きてきた。人を罵るにも世の僧侶の間によくあるように陰でこそこそ言ったりせず、白昼堂々と声を大にして面罵した。ただ真正直に生きて、虚偽虚飾を極端に嫌った一休であった。言いたい放題のことを言い、したい放題のことをしてのけた一休の後半生であった。それはあのひたむきな求道の前半生に比して、まるで別人であるかと疑わせるほどである。しかもなお上は天皇家から、下は純朴な市井の民衆に至るまで、「活《い》き仏《ぼとけ》さま」とあがめられた一休であった。それはかれに接した者は何人《なんぴと》も、この世の一切の窮屈なとらわれから解き放たれて、人間としての本然の「自由」をかいま見せられたからでもあろうか。

同じ大徳寺から出た後世の沢庵が一休をよんだ次の詩で、わたしはこの節を結ぼうと思う。

虚堂七世老禅師　　虚堂七世の老禅師、
曲彔木牀吟艶詩　　曲《きょく》彔木牀《ろくもくしょう》に艶詩を吟ず。
自号狂雲不狂客　　自ら狂雲と号して狂客ならず。
実頭人是可難知　　実頭の人是《また》知りがたかるべし。

禅牀に坐して艶詩を咏じ、みずから狂雲子と号したが、けっして狂人ではない。一休その人の本領は、実頭の人、至誠《まこと》の人、真情の人、純一無雑の天然の自由人であったが、それを真に見抜くことはなかなかむずかしい、と沢庵は言うのだ。

二　祖師禅の源流にくんで

正師について大悟し、師の室内を究めた禅者は、古来かならず、師の向うに歴代の仏祖を見て、自己―師匠―仏祖という「三《み》つだめ」の修行を志す。これを「古教照心」とも「聖胎《しょうたい》長養《ちょうよう》」ともいう。一休もまた、その例にもれなかった。天衣無縫、ある意味では、破天荒の無法僧とも見られる一休であったが、かれが如何に歴代の祖師方に至心に敬虔に帰投したかは、『狂雲集』一巻をひもとく者の、誰しもがまず気づくところであろう。狂雲の「狂」たるゆえんに眼を奪われて、かれのこうした一面を見落すならば、真に一休を知る者とは言えないであろう。いま、直系の祖師を詠じたものだけに限って、若干の詩をぬき出してみよう。

苦行釈迦

六年飢寒徹骨髄
苦行是仏祖玄旨
信道無天然釈迦
天下衲僧飯袋子

苦行の釈迦

六年の飢寒《きかん》　骨髄に徹す、
苦行はこれ仏祖の玄旨。
道《い》うことを信ず天然の釈迦《しゃか》なしと、
天下の衲僧《のうそう》　飯袋子《はんたいす》。

〔註〕 衲僧は、禅僧。飯袋子は、このむだ飯食《ぐら》いの穀《ごく》つぶしとののしる語。

仏誕生

三世一身異号多
何人今日定誵訛
娑婆来往八千度
馬腹驢胎又釈迦

仏誕生

三世《さんぜ》一身 異号多し、
何人か今日誵訛《ごうか》を定めん。
娑婆《しゃば》来往八千度、
馬腹・驢胎《ろたい》また釈迦。

〔註〕 誵訛は、入り組んではなはだ見にくいこと。馬腹・驢胎は、みずから畜生道におちて衆生を救う大乗菩薩の行。娑婆往来八千度も同じ。

仏成道

天上人間称独尊
今朝成道受誰恩
分明衲子流星眼
便是瞿曇的的孫

仏成道《ぶつじょうどう》

天上人間 独《ひと》り尊《そん》と称す、
今朝成道 誰《た》が恩をか受くる。
分明なり衲子《のっす》流星の眼《まなこ》、
すなわちこれ瞿曇的々《ぐどんてきてき》の孫《そん》。

〔註〕 分明は、はっきりしている。衲子は、衲僧・禅僧。瞿曇は、ゴータマ、釈迦。

仏涅槃

滅度西天老釈迦
他生出世到誰家
二千三百年前涙
猶洒扶桑二月花

仏涅槃《ねはん》

滅度《めつど》す西天《さいてん》の老釈迦、
他生に出世して誰が家にか到る。
二千三百年前の涙、
なお扶桑《ふそう》二月《にげつ》の花に洒《そそ》ぐ。

〔註〕涅槃は、滅度、ここでは釈尊の死をいう。扶桑は、日本国。ここ。

達磨忌

毒薬数加賊後弓
大千逼塞仏心宗
西来無意我有意
熊耳山中落木風

達磨忌

毒薬しばしば加う賊後の弓、
大千逼塞《ひっそく》す仏心宗。
西来意なし我れ意あり、
熊耳《ゆうじ》山中落木の風。

〔註〕毒薬は、達磨が反対派に毒をもられたという伝説をいう。西来意は、「祖師西来の意」といって、後世禅の根本問題となる。西来無意は、『碧巌録』第二十則「翠微禅板」を参照。熊耳山は、達磨の墓所。

賛二祖

二祖を賛す

大唐今古没禅師
断臂虚伝人不知
只許南山道宣筆
恰如痛処下針錐

大唐今古《こんこ》禅師没《な》し、
断臂《だんぴ》の虚伝人知らず。
ただ許す南山道宣《どうせん》が筆、
あたかも痛処に針錐《しんすい》を下すがごとし。

〔註〕南山道宣が筆は、唐の道宣律師の『続高僧伝』の慧可伝をいう。この書によれば、二祖が雪に立ってみずから臂《ひじ》を断《た》って達磨に呈したというのは、虚伝であって、実は賊にあって切られたのだという。云く、「賊に遭《あ》いて臂を斫《き》られたるも、法をもって心を御《ぎょ》し、痛苦を覚えず。火をもって斫所の血を焼き、帛《きぬ》を断じて裹《つつ》み、食を乞うこと故《もと》のごとし。曽って人に告げず。のち林法師、また賊に臂を斫られ、叫号通夕す。可、ために治裹し、食を乞うて林に供す。林、可の手の不便なるを怪み、これを怒る。可の曰く、「餅食前にあり。何ぞみずから裹まざる」。林の曰く、「われ臂なし。可、知らざるか」。可の曰く、「われもまた臂なし。また何ぞ怒るべけんや」と。」

賛六祖

六祖を賛す

随身担子鈯斧　　随身の担子《たんす》・鈯斧《とっぷ》、
不知何処山翁　　知らず何《いず》れの処の山翁《さんおう》ぞ。
南方仏法会否　　南方の仏法会《え》すや否や、
盧公老老盧公　　盧公《ろこう》老老盧公。

〔註〕担子は、物をいれて背負うもの。鈯斧は、なた、おの。六祖は広州で木樵《きこり》をしていた。南方の仏法は、いわゆる南宗頓悟禅。盧公老は、六祖慧能。姓は盧氏。

百丈餓死　三首　　百丈の餓死　三首

為人苦行也天然　　為人《いにん》の苦行また天然、
大用分明即現前　　大用《だいゆう》分明すなわち現前。
一日不作必不食　　一日作《な》さざれば必ず食《くら》わず、
大人手段作家禅　　大人《たいにん》の手段作家《さっけ》の禅。

〔註〕為人は、人の為にする、衆生済度。大用は、大きなはたらき。大用現前と熟する。作家は、やり手の禅者。「一日不作、一日不食」は、百丈の有名な逸話。

古人受用幾嘗艱　　古人の受用《じゅよう》いくばくか艱《かん》を嘗《な》む、
不是尋常談笑間　　これ尋常《よのつね》談笑の間にあらず。

飽食痛飲飯袋子　　飽食痛飲　飯袋子《はんたいす》、
叉衣翫水又遊山　　叉衣《さえ》翫水《がんすい》また遊山《ゆさん》。

〔註〕受用は、受持して活用するの意。叉衣は、簑衣。翫水・遊山は、ただ山水を遊び廻る、古人艱苦の受用のごとくでないの意。

工夫長養大慈心　　工夫《くふう》長養大慈心、
臨済消来万両金　　臨済消《しょう》し来《きた》る万両《まんりょう》の金。
昔日艱難聞吐哺　　昔日の艱難《かんなん》吐哺《とほ》を聞く、
簑衣箬笠钁頭吟　　簑衣箬笠钁頭《さえじゃくりゅうかくとう》の吟《ぎん》。

〔註〕吐哺は、食事中に来客がある時、その終るを待たず、口中の食をはき出して出迎える義で、賢者を優待する意。万金を消す云々は、『臨済録』をみよ。箬笠は、竹の皮で作った笠。钁頭は、大形のくわ。

黄檗礼仏　　黄檗《おうばく》　仏を礼す

麁行沙門鬼眼開　　麁行《そぎょう》の沙門鬼眼開く、
身長七尺甚奇哉　　身長七尺甚《はなは》だ奇なるかな。
不知何処見黄檗　　知らず何の処にか黄檗を見ん、

立法商君破法来　法を立つる商君　法を破り来る。

〔註〕黄檗はつねに「仏について求めず、法について求めず、僧について求めず。ただ礼拝することかくのごとし」といって礼拝した。ために額に礼拝こぶがあったという。亀行の沙門は、大中天子との逸話。『碧巌録』第十一則「黄檗酒糟」の頌をみよ。商君は、秦の孝公に仕えた刑名学者。みずから定めた法のために車裂きの刑にあった。古人云く、商君は法に没し、黄檗は法に学ぶと。

臨済焼机案禅板　臨済　机案・禅板を焼く

此漢宗門第一禅　この漢宗門第一の禅、
奪人奪境躰中玄　奪人奪境《だつにんだっきょう》　躰中玄《たいちゅうげん》。
安身立命在那処　安身立命《あんじんりつみょう》　那《いずれ》の処《ところ》にかある、
刧火洞然焼大千　刧火《ごうか》洞然《とうねん》として大千を焼く。

〔註〕奪人奪境も、躰中玄も、机案・禅板を焼くも、『臨済録』をみよ。

賛臨済和尚　臨済和尚を賛す

従来道業是毗尼　従来道業これ毘尼《びに》、

黄檗棒頭忘所知　黄檗の棒頭《ぼうとう》に所知を忘ず。
正伝的的克勤下　正伝的々克勤下《しょうでんてきてきこくごんか》、
吟破風流小艶詩　吟破《ぎんぱ》す風流小艶《しょうえん》の詩。

〔註〕毘尼は、戒律。臨済初め律を学ぶ。黄檗の棒は、『臨済録』行録をみよ。克勤は、圜《えん》悟《ご》の名。次の詩をみよ。

圜悟大師投機　圜悟大師の投機

沈吟小艶一章詩　沈吟す小艶一章の詩、
発動乾坤投大機　乾坤《けんこん》を発動して大機に投ず。
撃竹見桃若相問　撃竹《きゃくちく》・見桃《けんとう》もし相い問わば、
須弥脚下石烏亀　須弥《しゅみ》脚下の石烏亀《せきうき》。

〔註〕小艶の詩は、五祖法演の提唱した「頻《しき》りに小玉を呼ぶももと事なし、ただ檀郎が声を認得せんことを要す」という詩。『碧巌録』の著者、圜悟克勤はこの詩を機縁として悟ったという。かれがその時に師に呈した悟りの詩（投機の偈《げ》）に云く、「金鴨《きんおう》香銷す錦繡の幃《い》、笙歌叢裏《しょうかそうり》に酔うて扶帰《ふき》す。少年一段風流の事、ただ許す佳人の独りみずから知ることを」。撃竹・見桃は、香厳《きょうげん》と霊雲の悟りの故事。

賛松源和尚　　松源和尚を賛す

娘生眼照太虚空　　娘《じょう》生《しょう》の眼《げん》　太虚空《たいこくう》を照す、
天沢児孫在海東　　天沢《てんたく》の児孫　海東にあり。
滅却宗風三転語　　宗風を滅却す三転語、
詞華心緒一天紅　　詞華心緒《しかしんしょ》一天　紅《くれない》なり。

〔註〕　娘生は、母から生れたの意。本分の心眼。天沢は、虚堂智愚《きどうちぐ》。虚堂は、松源の直系三世の孫。宗風を滅却は、『臨済録』をみよ。三転語は、松源和尚三転語。

覧松源和尚塔銘　　松源和尚の塔銘を覧《み》る

冶父住持功不空　　冶父《やほ》住持　功空しからず、
祓貧作富甚家風　　貧を祓《はら》いて富となす甚《なん》の家風ぞ。
看来省数銭猶在　　看来《みきた》り数を省すれば銭なおあり、
不識脚跟糸線紅　　識らず脚跟糸線《きゃくこんしせん》の紅《こう》。

〔註〕　省数銭は、大慧《だいえ》下に対して虎丘《くきゅう》下の禅を指す。松源は虎丘四世の孫。「もしこれが虎丘直下ならば、積世の富児の一銭も乱りに使わざるがごとし」（『虚堂録』「瑞巌録」）脚跟糸線の紅は、松源和尚三転語を見よ。

賛虚堂和尚　　虚《き》堂《どう》和尚を賛す

育王住院世皆乖　　育王の住院世みな乖《そむ》く、
放下法衣如破鞋　　法衣《ほうえ》を放下《ほうげ》して破鞋《はあい》のごとし。
臨済正伝無一点　　臨済《りんざい》の正伝《しょうでん》一点なし、
一天風月満吟懐　　一天の風月吟懐《ぎんかい》に満つ。

〔註〕育王の住院は、『虚堂録』をみよ。一休が特に虚堂に私淑したことは、前にのべた。

虚堂和尚三転語　　虚《き》堂《どう》和尚の三転語

己眼未明底、因甚　　己眼《こげん》いまだ明《あきら》かならざる底《てい》、甚《なん》に因《よ》ってか
将虚空作布袴着。　　虚空《こくう》をもって布袴《ふこ》となして着くる。
画餅冷腸飢未盈　　画餅《がびょう》冷腸飢《うえ》いまだ盈《み》たず、
娘生己眼見如盲　　娘生《じょうしょう》の己眼《こげん》見て盲のごとし。
寒堂一夜思衣意　　寒堂一夜衣を思うの意、
羅綺千重暗現成　　羅綺《らき》千重《せんじゅう》暗《あん》に現成《げんじょう》す。

〔註〕羅綺云々は、うすぎぬとあやぎぬの千重ねが、知らぬうちに現成しているの意。

劃地為牢底、因　地を劃して牢となす底、甚に
甚透者箇不過。　因ってか者箇《しゃこ》を透り過ぎざる。

何事春遊興未窮　何事ぞ春遊興いまだ窮らず、
人心尤是客盃弓　人心は尤《もっと》もこれ客盃《はい》の弓。
天堂成就地獄滅　天堂成就し地獄滅す、
日永落花飛絮中　日は永し落花飛絮《ひじょ》の中。

〔註〕「客、盃中の弓影を見て蛇となし、ついに病む。のちその弓影なるを知り、すなわち愈ゆ」と。

入海算沙底、因　海に入りて沙《いさご》を算うる底、甚に
甚針鋒頭上翹足。　因ってか針鋒頭上に足を翹《つまだ》つ。

撒土算沙深立功　土を撒《さっ》し沙を算えて深く功を立つ、
針鋒翹脚現神通　針鋒に脚を翹てて神通を現ず。
山僧者裏無能漢　山僧が者裏《しゃり》　無能の漢、

東海児孫天沢風　東海の児孫　天沢の風。

〔註〕山僧は、わし。一休の自称。者裏は、ここ。わしのところ。

賛大応国師　大応国師を賛す

看看仏日照乾坤　看《み》よ看よ仏日乾坤《けんこん》を照す、
天上人間唯独尊　天上人間唯独尊《ゆいどくそん》。
禅老如無渡東海　禅老もし東海を渡るなくんば、
扶桑国裏暗昏昏　扶桑国裏《こくり》暗昏々《あんこんこん》。

〔註〕東海を渡るは、大応国師海を渡って入宋、虚堂の禅を日本に伝えたことをいう。すなわち大応国師南浦紹明《なんぽじょうみょう》禅師は、東海の第一祖。

新造大応国師尊像　大応国師の尊像を新造す

活眼大開真面門　活眼大いに開く真面門、
千秋後尚弄精魂　千秋の後なお精魂を弄《ろう》す。
虚堂的子老南浦　虚堂《きどう》の的子《てきし》老南浦《なんぽ》、
東海狂雲六世孫　東海の狂雲は六世の孫。

〔註〕 虚堂―大応1―大燈2―徹翁3―言外4―華叟5―一休6と伝える。

賛大燈国師　　大燈国師を賛す

画出面門無覆蔵　　画《えが》き出《いだ》す面門覆蔵《ふぞう》なし、
須弥百億露堂堂　　須弥《しゅみ》百億露堂々《ろどうどう》。
徳山臨済若入室　　徳山・臨済もし室に入らば、
蛍火応須遇太陽　　蛍火《けいか》まさにすべからく太陽に遇《お》うべし。

〔註〕 大燈国師宗峰妙超禅師は、大徳寺の開山、日本禅の第一人者。

題大燈国師行状末　　大燈国師行状《ぎょうじょう》の末に題す

挑起大燈輝一天　　大燈を挑《かか》げ起して一天に輝く、
鸞輿競誉法堂前　　鸞輿《らんよ》誉《ほまれ》を競《きそ》う法堂《はっとう》の前。
風飡水宿無人記　　風飡水宿《ふうさんすいしゅく》人の記するなし、
第五橋辺二十年　　第五橋辺二十年。

〔註〕『行状』は、春作禅興の作。風飡水宿は、頭陀乞食行《ずだこつじきぎょう》。『行状』が天子の帰依のみを載せて、五条橋下の乞食行にふれなかったことを呵したもの。

徹翁和尚

大燈子大応孫
正伝臨済宗門
儼然霊山一会
何妨三界独尊

徹翁《てっとう》和尚

大燈の子　大応の孫、
正伝す臨済の宗門。
儼然たり霊山《りょうぜん》の一会《いちえ》、
何ぞ妨げん三界の独尊。

〔註〕霊山の一会儼然として未だ散ぜず、教主釈尊いまここにあり。徹翁義亨《ぎこう》は大徳山内徳禅寺の開祖。

言外和尚

無端滅却大燈家
鉄眼銅睛剣樹牙
一句分明言外語
親聞華叟若曇華

言外《ごんがい》和尚

端《はし》なく滅却す大燈の家、
鉄眼銅睛《てつげんどうぜい》剣樹の牙《げ》。
一句分明なり言外の語、
親しく聞く華叟《かそう》は曇華《どんげ》のごとしと。

〔註〕曇華は、応庵曇華禅師のことか。華叟は、一休の師華叟宗曇。

贊華叟和尚

霊山孫言外的伝
蜜漬茘支四十年
児孫有箇瞎禿漢
頤得老婆新婦禅

華叟《かそう》和尚を賛す

霊山の孫　言外の的伝《てきでん》、
蜜漬《みっし》の茘支《れいし》四十年。
児孫に箇《こ》の瞎禿漢《かっとくかん》あり、
頤《やしな》い得たり老婆・新婦の禅。

〔註〕霊山は、徳禅寺。ここでは徹翁禅師をさす。瞎禿漢は、めくら坊主。老婆・新婦は、『臨済録』に普化《ふけ》和尚の語として出ている。

三　栄衒の徒を呵して

『狂雲集』を読んで、次に気のつくことは、一休がその師兄《すひん》（兄弟子）である養叟宗頤《ようそうそうい》に向って悪口の限りを尽くして、批判罵倒する姿である。一休には、いま一つ『自戒集』という著書があるが、この本は終始ただまったく養叟の悪口の為に書かれたと言ってよい。それはどこか気違いじみて見えるほどの批難である。云く、「紫野大徳寺ハジマリテヨリ以来、如此ノ大悪党ノ邪師、未聞不見ナリ」と。こんなのはまだおとなしい部類に入るほどである。その批難はやがて養叟の弟子たちにも及ぶ。一休はかれらを「邪師・姦賊」「栄衒《えいげん》の徒」と呼ぶ。次に『狂雲集』からそれらの詩を若干引く。これらの詩の風狂禅における意味については後述する。

示栄衒徒
人家男女魔魅禅
室内招徒使悟玄
近代癩人頤養叟
弥天罪過独天然

栄衒《えいげん》の徒に示す
人家《にんか》の男女魔魅《まみ》の禅、
室内に徒を招いて玄《げん》を悟らしむ。
近代癩人の頤《い》養叟《ようそう》、
弥天《みてん》の罪過《ざいか》独《ひと》り天然。

〔註〕栄衒は、世に栄《さか》えみずから衒《てら》いほこること。頤養叟は、一休の前記の兄弟子養叟宗頤のこと。

賀大用庵養叟和尚、賜宗慧大照禅師号。
大用庵養叟《だいゆうあんようそう》和尚、宗慧大照《そうえだいしょう》禅師の号を賜うを賀す。

紫衣師号奈家貧
綾紙青銅三百緡
大用現前贋長老
看来真箇普州人

紫衣《しえ》師号家の貧を奈《いかん》せん、
綾紙《りょうし》青銅三百緡《みん》。
大用現前贋《だいゆうげんぜんがん》長老、
看来《みきた》れば真箇《しんこ》普州《ふしゅう》の人。

〔註〕綾紙は、禅師号の綸旨。緡は、銭を通す糸。真箇は、真の。普州の人は、法の盗人。
一休はこの禅師号を皮肉って、「宗穢大焼《そうえだいしょう》禅師」と呼んで、「穢は宗門を汚すもの」とわざわざ註まで加えるのである。

題養叟大用庵
養叟の大用庵に題す

山林富貴五山衰
唯有邪師無正師

山林は富貴五山は衰う、
ただ邪師のみありて正師なし。

欲把一竿作漁客　一竿《いっかん》を把《と》って漁客と作《な》らんと欲す、
江湖近代逆風吹　江湖《ごうこ》近代逆風吹く。
〔註〕山林は、養叟の住する大徳寺。江湖は、満天下。

賀熙長老鷲尾新　熙《き》長老が鷲尾の新造の寺を
造寺、以訪癩病　賀し、もって癩病を訪う。

大燈門下単于境　大燈門下単于《ぜんう》の境、
姦賊此時開法筵　姦賊《かんぞく》この時法筵《ほうえん》を開く。
厚面無慙唯畜類　厚面無慙ただ畜類、
古今無若此邪師　古今かくのごときの邪師《じゃし》なし。
〔註〕単于は、中国匈奴の君。厚面云々、一休は養叟を「大胆厚面禅師」ともいう。春浦宗熙は、養叟の法嗣。

風流入室苾蒭尼　風流室に入る苾蒭尼《びくに》、
因憶慈明狭路時　よって憶《おも》う慈明狭路《じみょうきょうろ》の時。
腸断繊繊呈露手　腸《はらわた》は断つ繊々呈露《せんせんていろ》の手、
暗吟小艶一章詩　暗に小艶《しょうえん》一章の詩を吟ず。

〔註〕苾蒭尼は、比丘尼。暗には、ひそかに。一休の養叟批判の一つは、その独参の弟子に幾人かの尼僧がいて、養叟一派が女性に甘かったことが、法に潔癖な一休の勘にさわったものらしい。一休はいう「李下従来冠を整えず」と。

婬坊頌以辱得法知識　　淫坊の頌《じゅ》もって得法の知識を辱しむ

話頭古則長欺謾　　話頭古則欺謾《ぎまん》を長ず、
日用折腰空対官　　日用腰を折って空しく官に対す。
栄衒世上善知識　　栄衒世上の善知識、
婬坊児女着金襴　　婬坊の児女金襴《きんらん》を着《つ》く。

〔註〕話頭古則云々、一休はまた歌う、「金襴の長老一生の望み、衆を集めて参禅また上堂」「法中の姦党自了の漢、伝授師なうして話《わ》私あり」「竜宝山中の悪知識、言詮の古則尽く虚伝」と。これでみると一休には養叟の嗣法を認めなかったごとくである。日用腰を折って云々は、官に対して媚びへつらうこと。これも一休が養叟一派の禅をいさぎよしとしなかった理由の一つである。かれはまたいう、「世上に奔馳してあに官にへつらわんや」と。

謹白久参人

謹《つつし》んで久参の人に白《もう》す

莫言公案即円成
八角磨盤心上横
邂逅難知自屎臭
他人敗闕鏡中明

言うなかれ公案すなわち円成《えんじょう》と、
八角の磨盤《まばん》心上に横《よこた》う。
邂逅《かいこう》知りがたし自屎《じし》の臭きを、
他人の敗闕《はいけつ》鏡中に明かなり。

〔註〕　公案云々、一休はいう、「古則参得の家業、愧《は》ずべし妄《みだ》りに我慢を長ずることを」「古則の話頭何の用処ぞ、幾多の辛苦他の珍を数う」と。敗闕は、しくじり、失敗。

公案参来明歴歴
胸襟勘破暗昏昏
怨憎到死難忘却
道伴忠言逆耳根

公案参じ来って明歴《めいれきれき》々、
胸襟勘破《きょうきんかんぱ》すれば暗昏《あんこんこん》々。
怨憎《おんぞう》して死に到るまで忘却しがたし、
道伴《どうばん》の忠言耳根《にこん》に逆《さかろ》う。

〔註〕　一休はまた他の詩にいう、「古則に参得して心いよいよ濁《にご》る、醍醐の上味毒薬となる」と。一休の頃から、いわゆる室内の「数え参」が盛んになったという。一休のそれに対する批判はするどい。われわれはここに、一休・正三・盤珪に通ずるあるものを見る。

徒学得祖師言句　徒《いたずら》に祖師の言句を学得して、

識情刀山牙剣樹　識情は刀山　牙は剣樹。

看看頻頻挙他非　看《み》よ看よ頻々《ひんぴん》他の非を挙《こ》するを、

銜血噴人其口汚　血を銜《ふく》んで人に噴《は》けばその口汚《けが》る。

〔註〕一休はまたいう、「梅檀《せんだん》の仏寺利名の禅、公案腰にまとう十万銭」と。一休の養叟一派批判が、先の女性の弟子批判もふくめてこうした「公案の安売り」に対する潔癖さにあったことはまちがいない事実であろう。

四　狂雲は大徳下の波旬（悪魔）

「人に対すること春風のごとく、みずから持すること秋霜のごとし」というが、人に対してもまた秋霜のようにきびしかった一休は、それだけにまた虚堂《きどう》―大燈の禅をわが一身ににな うという矜持《きょうじ》と、痛ましいまでにきびしい自省の人――それはまことに「風狂」という形で現われるよりほかになかったと言わねばならない――でもあった。次に、かれが自画像に賛したり、また折にふれてみずからを歌った詩の中から若干を拾っておく。「分に随って羞を知れ」といった虚堂に私淑してやまなかった一休である。前節のような気違いじみた悪口も、宗門人としてみずから恥を知った一休内心の憤懣《ふんまん》の爆発であったと考えたい。

自賛

華叟子孫不知禅
狂雲面前誰説禅
三十年来肩上重
一人荷担松源禅

自賛

華叟《かそう》の子孫　禅を知らず、
狂雲面前　誰か禅を説く。
三十年来肩上《けんじょう》重し、
一人荷担《いつにんかたん》す松源の禅。

〔註〕松源―運庵―虚堂―大応―大燈―徹翁―言外―華叟―一休と伝える。

自賛

大燈仏法没光輝
竜宝山中今有誰
東海児孫千歳後
吟魂猶苦許渾詩

自賛

大燈の仏法光輝没《な》し、
竜宝山中いま誰かある。
東海の児孫千歳《せんざい》の後《のち》、
吟魂なお苦しむ許渾《きょこん》が詩。

〔註〕竜宝山は、大徳寺の山号。唐の許渾の詩に云く、「昨日の少年いま白頭」と。老年に感じての作。

自賛

文章禅話不知真
未得道流分主賓
慚愧永劫抜群業
筆頭罵詈一天人

自賛

文章禅話　真を知らず、
いまだ道流《どうる》主賓を分つことを得ず。
慚愧《ざんぎ》す永劫抜群《ようごうばつぐん》の業《ごう》、
筆頭　一天の人を罵詈《めり》す。

〔註〕道流は、道人諸君。賓主歴然は、『臨済録』をみよ。

嘆竜翔門派零落　竜翔《りゅうしょう》門派の零落を嘆ず

扶桑国裏没禅師　扶桑国裏《ふそうこくり》禅師没《な》し、
東海児孫更有誰　東海の児孫さらに誰かある。
今日窮途無限涙　今日窮途《きゅうと》限りなき涙《なんだ》、
他時吾道竟何之　他時《たじ》吾が道ついに何《いず》くにか之《ゆ》かん。

〔註〕扶桑は、日本。黄檗の「大唐国裏に禅師なし」（『碧巌録』第十一則「黄檗酒糟」）の語をふまえている。

東海児孫誰正師　東海の児孫誰か正師、
正邪不弁尽偏知　正邪弁ぜず尽《ことごと》く偏《ひとえ》に知る。
狂雲身上自屎臭　狂雲が身上自屎《しんじょうじし》臭し、
艶簡封書小艶詩　艶簡封書小艶の詩。

〔註〕自屎は、自分のくそ。小艶の詩は、前出圜悟の因縁。

自賛　自賛

風狂狂客起狂風　風狂の狂客狂風を起す、

来往婬坊酒肆中　来往す婬坊《いんぼう》酒肆《しゅし》の中《うち》。
具眼衲僧誰一拶　具眼《くげん》の衲僧《のうそう》誰か一拶す、
画南画北画西東　南《みんなみ》を画《かく》し北を画し西東を画す。

〔註〕風狂は、一休が自分の境涯をみずから表現する語。風流狂顚。婬坊酒肆は、遊廓・酒屋。具眼の衲僧は、悟りの開けた禅僧。

自賛　自賛

傍若無人閑逸心　傍若無人《ぼうじゃくぶじん》閑逸《かんいつ》の心、
奈何床下法塵深　床下《しょうか》法塵の深きを奈何《いかん》せん。
夢閨銀燭繡簾月　夢閨《むけい》の銀燭繡簾《しゅうれん》の月、
白日青天笑朗吟　白日青天《はくじつせいてん》笑って朗吟す。

〔註〕夢閨は、寝室、また一休の別号。繡簾は、ぬいとりをしたすだれ。

自賛　自賛

純老佳名発海東　純老が佳名《かめい》海東に発《おこ》る、
天源派脈截流通　天源の派脈流《なが》れを截《き》って通ず。

徳山臨済在何処
歌吹夢閨残暁鏡

徳山・臨済何の処にかある、
歌吹《かすい》す夢閨《むけい》残暁《ざんぎょう》の鏡。

〔註〕 海東は、日本国。純老は、一休の自称。宗純老。

自山中帰市中

山中より市中に帰る

狂雲誰識属狂風
朝在山中暮市中
我若当機行棒喝
徳山臨済面通紅

狂雲誰か識らん狂風に属するを、
朝《あした》に山中にあり暮には市中。
我れもし機に当って棒喝を行ぜば、
徳山・臨済面《おもて》紅《くれない》を通ぜん。

〔註〕 狂雲子は、一休の自称。面通紅は、恥じて顔が赤くなる。

自戒

自戒

罪過弥天純蔵主
世許宗門賓中主
説禅逼人詩格工
無量劫来悪道主

罪過弥天《みてん》純蔵主《ぞうす》、
世に許す宗門賓《ひん》中の主と。
禅を説いて人に逼《せま》る詩格の工《たくみ》、
無量劫来《ごうらい》悪道の主。

〔註〕純蔵主は、一休の自称、蔵主宗純。賓中主は、主中主につぐ。

病中

破戒沙門八十年
自慚因果撥無禅
病被過去因果果
今行何謝劫空縁

病中

破戒の沙門《しゃもん》八十年、
みずから慚《は》ず因果撥無《はつむ》の禅。
病は過去因果の果《か》を被る、
いま何を行じてか劫空《ごうくう》の縁を謝せん。

〔註〕因果撥無の禅は、因果の道理を否定する禅。劫空は、般若真空の真理。劫は軽い。

末後涅槃堂懺悔

風音気象頌兼詩
乗興邪慢吟撚髭
悪魔内外託吾筆
猛火獄中無出期

末後涅槃堂の懺悔《ざんげ》

風音《ふういん》気象頌《じゅ》と詩と、
興に乗ずる邪慢吟じて髭《ひげ》を撚《ひね》る。
悪魔内外《ないげ》吾が筆に託す、
猛火獄中出期《しゅつご》なし。

〔註〕一休に「文章を嘲《あざけ》る」という詩がある。「人は具《その》う畜生牛馬の愚、詩文はもと地獄の工夫。我慢邪慢情識の苦、嘆ずべし波旬親しく途を得るを。」

艶簡艶詩三十年　　艶簡艶詩三十年、
虚名天沢正伝禅　　虚名なり天沢正伝の禅。
吟身半夜与燈瘦　　吟身半夜燈と与《とも》に瘦《や》す、
雪月風流白髪前　　雪月風流白髪の前。

〔註〕艶簡艶詩は、なまめかしい文書と詩。ここでは文書は軽い。

辞世　　　　　　　辞世

今宵拭涙涅槃堂　　今宵涙を拭う涅槃堂、
伎倆尽時前後忘　　伎倆《ぎりょう》尽《つ》くるとき前後忘ず。
誰奏還郷真一曲　　誰か奏す還郷《げんきょう》真の一曲、
緑珠吹恨笛声長　　緑珠恨《うらみ》を吹いて笛声《てきせい》長し。

〔註〕涅槃堂は、禅院の病室。還郷は、俗世より涅槃の本地にかえる。

前年辱賜大燈国師頂相。　前年大燈国師の頂相《ちんそう》を賜うことを辱《かたじけ》のうす。
予今更衣入浄土宗。　予《よ》いま衣をあらためて浄土宗に入る。
故茲奉還栖雲老和尚。　故にここに栖雲老和尚に還し奉る。

狂雲大徳下波旬
会裡修羅勝負嗔
古則話頭何用処
幾多辛苦数他珍

狂雲は大徳下の波旬、
会裡《えり》の修羅勝負嗔《いか》る。
古則話頭何の用処《ゆうじょ》ぞ、
幾多の辛苦他の珍を数う。

〔註〕会裡は、門下。

五　性の自由境を謳歌して

『狂雲集』の最後の、そして最大の問題は、一休の、禅僧としてまことに傍若無人に狂奔する、性《セックス》の詩である。「同門の老宿、余が淫犯肉食《いんぼんにくじき》を誡《いまし》む。会裡《えり》（門下）の僧これを嗔《いか》る」と題する詩が集中にあるから、当時すでに一休のこの方面の天衣無縫ぶりは大いに問題になっていたものらしい。しかるに、かれはみずから平然として歌う。「藞苴《らそ》（軽薄浮華）元これ我《や》が家の業《ごう》、女色《にょしょく》多情男色《なんしょく》を加う」と。これあるが故に、本書は禅門の禁書として、これまで禅の専門家からは敬遠されてきた。しかし、これを避けて通っては、一休は理解できないし、また後述するごとく、ここにこそ世界の思想史の上で今日改めて着目さるべき、禅の禅たるゆえんの特色の一つが存すると思う。以下まずこの種の詩を引用してみよう。

題婬坊

美人雲雨愛河深
楼子老禅楼上吟
我有抱持唼吻興
竟無火聚捨身心

婬坊《いんぼう》に題す

美人の雲雨《うんう》愛河深し、
楼子《ろうし》老禅楼上の吟。
我れに抱持《ほうじ》唼吻《そうふん》の興あり、
ついに火聚捨身《かじゅうしゃしん》の心なし。

〔註〕雲雨は、楚の襄王が夢に巫山の神女と契った故事。云く、「朝に雲となり暮には雨となり、朝々暮々君に見えん」と。劉廷芝の公子行に、「雲となり雨となる楚の襄王」とあり、また李白の楊貴妃の詩に、「雲雨巫山いたずらに断腸」とある。抱持は抱擁。唼吻は、キッス。

病中

美膳誰具一双魚
小艶工夫日用虚
婬色吟身頭上雪
目前荒草未曾鋤

病中

美膳《びぜん》誰か具《ぐ》す一双の魚、
小艶に工夫日用虚《むな》し。
婬色《いんしょく》吟身頭上の雪、
目前の荒草いまだかつて鋤《す》かず。

〔註〕小艶工夫は、五祖下圜悟の縁。荒草未曾鋤は、『臨済録』上堂をみよ。

大燈忌宿忌以前対美人

宿忌之開山諷経
経咒逆耳衆僧声
雲雨風流事終後

大燈忌宿忌《しゅくき》以前美人に対す

宿忌の開山諷経《ふぎん》、
経咒《きょうじゅ》耳に逆《さかろ》う衆僧《しゅそう》の声。
雲雨風流事《こと》終えて後、

夢閨私語笑慈明　夢閨《むけい》の私語慈明《じみょう》を笑う。
〔註〕諷経は、開山忌の読経。私語は、白楽天の「長恨歌」の楊貴妃の故事。「夜半人なき私語の時。」

偶作

臨済門派誰正伝　臨済の門派誰か正伝、
風流可愛少年前　風流愛すべし少年の前。
濁醪一盞詩千首　濁醪一盞《だくろういっさん》詩千首、
自笑禅僧不識禅　みずから笑う禅僧禅を識《し》らず。
〔註〕濁醪は、にごりざけ。

制戒

貪着少年風流　貪着《どんじゃく》す少年の風流、
風流是我好仇　風流はこれ我が好仇《こうきゅう》。
悔錯開為人口　悔《くゆ》らくは錯《あやま》って為人《いにん》の口を開くことを、
今後誓縮舌頭　今よりのち誓って舌頭を縮めん。

〔註〕少年の風流は、衆道・男色。

弟子癖

従参臨済大人禅
元字脚頭心念前
即今若作我門客
野老風流美少年

弟子癖

臨済大人《たいにん》の禅に参じてより、
元字脚頭《げんじきやくとう》心念の前。
即今もし我が門の客とならば、
野老《やろう》の風流は美少年。

〔註〕元字脚は、一の字。禅に参じて那《な》の一字を念頭に工夫した。

寄近侍美妾

淫乱天然愛少年
風流清宴対花前
肥似玉環痩飛燕
絶交臨済正伝禅

近侍《きんじ》の美妾《びしょう》に寄す

淫乱天然少年を愛す、
風流の清宴花前に対す。
肥えたるは玉環《ぎょくかん》に似　痩《や》せたるは飛燕《ひえん》、
交《まじわり》を絶《た》つ臨済正伝の禅。

〔註〕玉環は楊貴妃、飛燕は前漢の趙皇后。ともに美人の代表。

憶昔薪園居住時　憶《おも》う昔薪園《しんえん》居住の時、
王孫美誉聴相思　王孫の美誉《びよ》聴《き》いて相《あい》思う。
多年旧約即忘後　多年旧約すなわち忘じてのち、
更愛玉堦新月姿　更に愛す玉堦新月の姿。

右、余寓薪園小舎有年、森侍者聞余風彩、已有嚮慕之志。余亦知焉。然因循至今。辛卯之春、邂逅于墨吉、問以素志、則諾而応。因作小詩述之。

右、余、薪園の小舎に寓《ぐう》すること年あり。森侍者《しんじしゃ》、余が風彩を聞いて、すでに嚮慕《きょうぼ》の志あり。余もまたこれを知る。しかれども因循《いんじゅん》として今に至る。辛卯《しんぼう》の春、墨吉《すみよし》に邂逅《かいこう》して、問うに素志をもってすれば、すなわち諾《だく》して応ず。よって小詩を作ってこれを述ぶ。

〔註〕辛卯は、文明三年（一四七一）、一休七十八歳である。これがすなわち一休と森女《しんじょ》の問題の出会いである。薪園は、薪村の酬恩庵。王孫は、一休自身のこと。「多年の旧約すなわち忘じてのち」というからには、おそらくこの時すでに森女も四十の坂を越えていたろう。それなのに、「玉のきざはし新月の姿」とは、またなんとも若々しい表現である。

以下はすべて森女との交りの詩を集めて引いてみる。

住吉薬師堂（幷叙）　住吉の薬師堂　並びに叙

文明二年仲冬十四日、遊薬師堂、聴盲女艶歌。因作偈記之。

文明二年仲冬十四日、薬師堂に遊んで、盲女の艶歌を聴く。因《よ》って偈《げ》を作ってこれを記す。

優遊且喜薬師堂
毒気便便是我腸
慚愧不管雪霜鬢
吟尽厳寒秋点長

優遊《ゆうゆう》かつ喜ぶ薬師堂、
毒気便便これ我が腸《はらわた》。
慚愧管せず雪霜の鬢《びん》、
吟じ尽《つ》くす厳寒秋点の長きを。

〔註〕文明二年は、一四七〇年。一休七十七歳の年である。これで見ると、この盲女は森女ではないのであろうか。

看森美人午睡　森美人の午睡《ごすい》を看《み》る

一代風流之美人
艶歌清宴曲尤新
新吟腸断花顔靨

一代風流の美人、
艶歌清宴　曲もっとも新《あら》なり。
新吟腸断す花顔の靨《えくぼ》、

天宝海棠森樹春　天宝の海棠《かいどう》森樹の春。

〔註〕天宝の大乱に逢うて馬嵬の駅に殺された唐の玄宗の妃、楊貴妃にたとえる。

森公乗輿　森公輿《しんこうこし》に乗る

鸞輿盲女屢春遊　鸞輿《らんよ》の盲女しばしば春遊す、
鬱鬱胸襟好慰愁　鬱々《うつうつ》たる胸襟《きょうきん》好《よ》し愁《うれい》を慰《い》するに。
遮莫衆生之軽賤　さもあらばあれ衆生の軽賤《きょうせん》することを、
愛看森也美風流　愛し看《み》る森也《しんや》が美風流。

〔註〕軽賤については、一休にはまた「杜牧藞苴《らそ》これ我が徒、狂雲が邪法甚だ助けがたし。人の為に軽賤せられて罪業を滅す、外道波旬《はじゅん》幾《いくばく》か途《みち》を失す」の詩がある。

九月朔、森侍者、借紙衣於村僧禦寒。瀟洒可愛。作偈言之。　九月朔《ついたち》、森侍者、紙衣《かみこ》を村僧に借りて寒を禦《ふせ》ぐ。瀟洒《しょうしゃ》愛すべし。偈《げ》を作ってこれを言う。

良宵風月乱心頭　良宵《りょうしょう》の風月心頭乱る、
何奈相思身上秋　いかんせん相思身上の秋。

秋霧朝雲独瀟洒　秋霧朝雲独《ひと》り瀟洒たり、
野僧紙袖也風流　野僧が紙袖《ししゅう》また風流。

〔註〕瀟洒は、さっぱりしてきれいなこと。清浄、瀟灑。野僧は、山野の僧、わたし。紙衣は、一休のために借りたのであろうか。

盲女森侍者、情愛甚厚。将絶食殞命。愁苦之余、作偈言之。

盲女森侍者、情愛甚だ厚し。まさに食を絶って命を殞《おと》さんとす。愁苦の余り、偈を作ってこれを言う。

百丈鋤頭信施消　百丈鋤頭信施消《じょとうしんせしょう》す、
飯銭閻老不曾饒　飯銭閻老《はんせんえんろう》曽《か》つて饒《ゆる》さず。
盲女艶歌笑楼子　盲女が艶歌楼子《ろうし》を笑う、
楚台暮雨滴蕭蕭　楚台《そだい》暮雨滴蕭《しょうしょう》々たり。

〔註〕閻老は、えんま大王。信施を空しく消費したものは、死んでから飯代を請求される。饒すは、見のがす。楚台は、楚の時「牽花《けんか》の台を起して黎民散ず」（『漢書』）と。女色にふけることをいう。

謝森公深恩之願書　森公が深恩《じんおん》を謝するの願書

木凋葉落更回春　木凋《きしぼ》み葉落ちて更に春を回《かえ》す、
長緑生花旧約新　緑を長じ花を生じて旧約新なり。
森也深恩若忘却　森也《しんや》が深恩もし忘却せば、
無量億劫畜生身　無量億劫《おくごう》畜生の身。

〔註〕森也が深恩、ここに引用した詩を素材にして、唐木順三先生の名作「しん女語りぐさ」は創作された。『応仁四話』筑摩書房刊参照。

約弥勒下生　弥勒下生《みろくげしょう》を約す

盲森夜夜伴吟身　盲森夜々吟身に伴う、
被底鴛鴦私語新　被底《ひてい》の鴛鴦《えんおう》私語新《あらた》なり。
新約慈尊三会暁　新に約す慈尊三会《さんえ》の暁《あかつき》、
本居古仏万般春　本居古仏万般の春。

〔註〕盲森、森美人は盲目であった。慈尊は、弥勒菩薩。釈迦滅後五十六億七千万年の後に、未来仏として下生するといわれる。

喚我手作森手　我が手を喚《よ》んで森手《しんしゅ》と作《な》す

我手何似森手　我が手　森の手に何似《いずれ》ぞ、
自信公風流主　みずから信ず公は風流の主。
発病治玉茎萌　発病玉茎《ぎょくけい》の萌《きざし》を治《じ》す、
且喜我会裡衆　かつ喜ぶ我が会裡《えり》の衆《しゅ》。

〔註〕「わが手、仏手にいずれぞ」という「黄竜の三関」の語をもじったもの。何似は、如何。

美人陰有水仙花香　美人の陰に水仙花の香あり

楚台応望更応攀　楚台《そだい》まさに望むべし更にまさに攀《よ》ずべし、
半夜玉牀愁夢顔　半夜玉床愁夢の顔。
花綻一茎梅樹下　花は綻《ほころ》ぶ一茎梅樹の下、
凌波仙子遶腰間　凌波《りょうは》の仙子腰間《ようかん》を遶《めぐ》る。

〔註〕凌波の仙子は、波にふるえる水仙、春寒に開いて芳香を放つ。

婬水

夢迷上苑美人森
枕上梅花花信心
満口清香清浅水
黄昏月色奈新吟

〔註〕花信は、はなの開いた知らせ。開花の風候。満口の清香は、性器接吻。

吸美人婬水

密啓自慙私語盟
風流吟罷約三生
生身堕在畜生道
絶勝潙山戴角情

〔註〕密啓は、ひそかに言う。潙山戴角の情は、水牯牛の話にちなむ。

婬水《いんすい》

夢に上苑美人の森《しん》に迷うて、
枕上《ちんじょう》の梅花花信《かしん》の心。
満口《まんく》の清香清浅の水、
黄昏《こうこん》の月色新吟《しんぎん》を奈《いかん》せん。

美人の婬水を吸う

密に啓しみずから慙《は》ず私語の盟《めい》、
風流吟罷《ぎんや》んで三生《しょう》を約す。
生身《しょうしん》堕在す畜生道、
絶勝す潙山戴角《たいかく》の情。

六　「風狂の禅」私見——かねて本書の行論の宗教的な結論として

『狂雲集』には、「婬」の字十数個、「雲雨」十余、「美人・美少年」十数個を数える。一休は「詩文はもと地獄の工夫」といい、「悪魔内外吾が筆に託す、猛火獄中出期《しゅつご》なし」とも言った。またわれとわが邪淫を省みては「生身堕在す畜生道」とも詠じている。師兄《すひん》養叟《ようそう》に呈した有名な詩に、「他日君来ってもし我れを問わば、魚行酒肆《しゅし》また淫坊」という。一休ほどあからさまに婬色を歌った者は他に類をみない。こうして「人間の情事という最も生《なま》の」体験を、「自然主義者以上に露骨」に歌いながら、しかも「ずばりと言いぬけて後味を残さない。くすぐりのたわむれは全くないといってよい」(唐木順三『詩とデカダンス』講談社)。しかもなお一方では、あえてみずから「虚堂《きどう》七世の孫」と称し、「三十年来肩上《けんじょう》重し、一人《いつにん》荷担《かたん》す松源の禅」と言い切ってはばからぬ一休である。いったいこれをどう解したらよいのであろうか。まことに、かれみずからいうごとく「一段の風顛《ふうてん》大妖怪」である。

　結論を先に言えば、わたしはここにもっとも鋭い形で「禅」の本質がえぐり出されていると思うのである。いな、禅のというよりは宗教の、宗教のというよりは「人間の真姿」が、もっとも鋭角的な形で問題化されている、と言いたいのである。しかもなお、それはキリスト教などに対して、もっとも見事に〝禅的に〟である。その意味で一休のこの「婬色《いんしょく》風狂」の面をつくことが、そのまま「禅」の本質を探ることにもなるのである。

宗教とはいったい何であろうか。わたしはここで恩師鈴木大拙先生の晩年の説明をかりたい。キリスト教に innocence《インノセンス》という語がある。「無罪」「潔白」「無垢」「無邪気」「天真爛漫」というような意味である。仏教流に言いかえれば、「無念」「無心」「清浄」またある意味で「本源清浄心」（黄檗）「自然法爾《じねんほうに》」（親鸞）と言ってもよい。

それはエデンの楽園におかれた原人アダムとイヴの、子供のような天真爛漫な無心の生活状態である。ところが、そこに蛇（悪魔《サタン》）があらわれて、神の禁断を犯して知恵の木の実を食べて、神とひとしい知恵を開けと言って人間を誘惑する。まず女が、ついで男がリンゴの実を食べた。それからというもの、人間は善・悪を知るようになった。innocence の生活が破れてそこに knowledge《ナレッジ》すなわち「知」というものが出てきた。こうして人間は極楽《エデン》の「無心《むしん》」「無為《むい》」の世界から、娑婆《しゃば》の「有心《うしん》」「有為《うい》」（はからい、造作）の世界へ出た。

キリスト教は倫理（moral）的だから、これを「原罪」（original sin）というふうに説く。今日われわれがこうして有心有為すなわち分別的に生きてあるということが、そのことがもう罪であるという。仏教は本来知的（epistemological）な教えだから、そこを「本覚」のところに忽然念起して、「無明」すなわち「知」が生じたと説明する。いったん有心の世界に出ると、それまで男女ともに裸でいて何ともなかった人間が、急に「恥」を知っていちじくの葉をつづって前をおおうようになる。「知」は堕落であると同時に、「恥」を知ってはじめて人間は人間になる。

大拙先生はこの無心《インノセンス》の世界を「行《こう》」の世界、有心《ナレッジ》の世界を「知《ち》」の世界といわれる。行の世界は、動くもの働くものの世界である。動物の世界は、みなある意味で無心で無我である。善悪を知った人間のモラルの眼から見ると、動物はいかにも我《が》が強いようであるが、まだ忽然念起していない動物から見れば、人間のいうような我《エゴー》は、そこにはない。腹がすけば他を倒してでも餌食を奪う。人間のようにこれはわがもの、あれは他人のもの、というような分けへだては一切ない。行の世界には「分別」はない。猫に「隣りの魚をなぜ盗んだ」と叱っても意味はない。ライオンが鹿を追いかけるのを残酷だといっても、動物から言えば当り前のことである。それを人間がやかましくいうのが妙だ。猫やライオンから見れば、人間はいかにも「差別」の世界に住んでいて「不自由」千万だということになる。

たしかに「不自由」であるが、それで始めてまず人間が人間になるのだから、忽然念起の「無明」こそ、人間の真姿と言わねばならない。（以上の知的な見方から一応別な、情意的な角度で見ても同じことである。悪に強ければ善にも強い、泥が多ければ仏も大きいという、はげしい個性の煩悩の救いがそこにある。一休も「腹中に地獄成ず、無量の劫識情。野火焼けども尽きず、春風草また生ず」という。）「原罪」もけっして神の「摂理」の外にあるのではない。人間には「知」がついて廻る。常識も科学も哲学もそこからである。差別ができ、分別ができるのが、人間の人間たるゆえんである。

ところが厄介なことに、一ぺん「無分別」の「行」の世界（paradise《パラダイス》）から出て、「知」の「分別」の世界へ出た（paradise《パラダイス》 lost《ロスト》）人間は、どうしてももう一ぺん「無分別」の「行」の世界へかえらないと落ち着けない（paradise《パラダイス》 regained《リゲインド》）。聖アウグスチヌスに、「神よ、あなたはわれわれをあなたに向けて造りたもうた。だから、われわれはあなたのみ懐《ふところ》に安ろうまでは安きを得ない」(『告白』)という言葉があった。

アメリカに最近ビート族(beat generation)という一群の運動がある。かれらは伝統的・道徳的なものをすべて破壊して、勝手放題にふるまうことで自由を得ようとする。そこで禅がかれらの哲学で、寒山がその理想の人物だということである。これも赤裸々で自由なところは一面たしかにおもしろいが、しかし、それだけでは人間以下の動物に逆もどりである。そこでビートのように逆もどりをせずに、真にパラダイス・リゲインドの真の「自由」を獲得する道はないか。そこに「宗教」の世界がある。

「知」の人間的な世界を十分に通って、その「知」の洗練を十分に受けて、その上でふたたび「行」の世界の「自由」を体得する。ビートのようにいきなり飛び越えないで、順々に一歩一歩しっかり大地をふまえてゆくのである。すなわち、ただちにエデンに動物的に逆もどりするのではなしにである。「行」の世界は人間の最終目的であるが、どうしても人間は一度徹底的に「知」の世界を通りぬけないといけないのだ。この「知」の世界を通るというのが、他の動物と違う人間の人間としての価値だからである。

ライオンが鹿を追うのを見て、かわいそうにという一念が動かなければまだ人間ではない。一休の私淑してやまぬ虚堂その人が「分に従って恥を知れ」といっている言葉の根拠がそこにある。わたしがくり返し一休の詩でかれの自責自省の詩に注目し、かれの求道や悟道の体験を重視したゆえんもそこにある。「ひるがえって幼な子のようになれ」といっても、徹底的に大人の世界を通ってその上でなお赤子の心を失わぬということでなければならぬ。そこにわが大愚良寛やアシジの聖フランシスの世界がある。

　そこで、宗教の世界に入るためには、何としても「知」の世界「分別」の世界を一度徹底的に尽くす、さらに言いかえると分別の世界に一度徹底的に〝死ぬ〟ということが必要である。「分別」というものが人間の人間たるゆえんではあるが、この「分別」をほんとうに人間らしく真に生かして使うためには、どうしても一ぺん徹底的にこれを〝捨てる〟ことが大事である。それを〝死んで生きる〟（絶対否定即肯定の「即非」の論理がそこにある）という。そこにある種の精神的な鍛錬（正三が「死に習う」というのが、そのもっとも代表的な修行である）がどうしても宗教には必要になってくる（これは盤珪が不生になろうとせず不生でおれという場合でも同様である）。

　キリスト教ではこれを、「アダムに死してキリストに生れる」という。また「第一のアダム（first Adam）から第二のアダム（second Adam）へ」という。『聖書』ではここを、「キリストと共に十字架につけられて、キリストと共によみがえる」（パウロ）という。禅者は、「生きながら死人となりてなりはてて心のままにするわざぞよき」（無難）という。そこに始めて「般若」（prajñā）の「無分別の分別」という真智がはたらく。人はここで真に臨済いうところの「真人《しんにん》」、すなわち語の真なる意味での「人間」（真の自己）になる。

　ここまではキリスト教でも仏教でも変りはない。しかしこの般若（無分別の分別）のもっとも端的純粋な捷径《ちかみち》は「禅」をおいてない。キリスト教や他の仏教では、どこかにまだ無用の方便説がつきまとう。人間の知性が進めば進むほど、この方便が受け入れにくくなる。

　ここ数年、日本からノーベル文学賞候補がうわさにのぼるたびに、谷崎潤一郎氏の文学が云々される。谷崎文学が現代日本文学の代表の一つであることに、わたしも異論はない。しかし、その欧米における取り上げられ方が、氏の最晩年の『鍵』とか『瘋癲老人日記』とかを中心になされているところに問題があろう。

　何といっても「色情を抱いて女を見る者は、心の中ですでに姦淫《かんいん》しているのだ」といったふうな、息もつまるようなきびしいキリスト教倫理からの脱出ないし人間性解放が、ここにも暗々裏にはたらいているのではなかろうか。それなら谷崎氏の前記のような非平常的な作品などでなしに、本書に見るような、一休などのまぶしいほど、徹底的に明るい、禅者の人間性の大肯定を紹介したら、キリスト教伝統圏の人々のおどろきは、いったいどんなであろうか、と思うのである。今日、日本の若者たちがそれを読む時、変な興味でひもとかれがちな『デカメロン』などでも、ルネッサンス期の人間解放の一翼をになう明るい文学であった。

　同じパラダイス・リゲインドの宗教でも、キリスト教と仏教、ことに禅とは大いに違う。こうした世界の宗教思想史の上で一休を位置づけてみることが、大事なのではないか、そこに今まで見られなかった一休の一面が明かになるのではなかろうか、とわたしは思うのである。

　この際、一休の性の「自由」の「行」の世界が、人間的な「知」の世界の自責と反省に裏づけられて、単なる空しいデカダンスでなく、一休のそれがまさにきわどい一線で「禅機」を保ち得ていることに、改めて注意を喚起することは、もはや無用の婆説であろう。上来のべてきたところからわかるように、それが一休のいわゆる「風狂」の秘密なのだから。

一休の風狂が、養叟・春浦のごとき俗物が大寺を経営し、人を集めて説法したり、独参入室の数え参で法の安売りをしたりしていることへの反抗に由来するという見方も、ひっきょう自他を一にしての自責と「識羞」（五祖法演）の念をバネとして、本来の「行」の世界の自由へはね返る「風狂」即非（絶対矛盾的自己同一）の論理の一面にほかならぬのだから。

参考文献

本書を手引として、さらに進んで読んでみようとする人々のために、若干の書をあげておこう。筆者の願いは、本書を読まれたら、もう解説書をあさることはやめて、直接に原典をできるだけ原文で、読み味わってほしい、ということである。原典には左記がある。

『盤珪禅師語録』（鈴木大拙編校　岩波文庫）
『鈴木正三道人全集』（鈴木鉄心編　山喜房仏書林）
『全釈　良寛詩集』（東郷豊治編著　創元社）
『一休和尚狂雲集』（森大狂参訂　民友社）

前記東郷氏（『良寛全集』の編者である）の『良寛詩集』には、註釈が付され、全詩が同氏によって数グループに改編されてある。このほかに改編または略註本に左記がある。

『不生禅　盤珪禅師語録の色読』（高野毅著　春秋社）
『仮名法語集』（『日本古典文学大系』83　宮坂宥勝校注　岩波書店）
鈴木正三「盲安杖」「万民徳用」「反故集」を収める。
『仏教文学集』（『古典日本文学全集』15　古田紹欽他訳　筑摩書房）
鈴木正三「驢鞍橋」盤珪禅師「語録」の現代語による抄訳を収める。

次に、参考書を若干あげておく。

①盤珪
鈴木大拙『盤珪の不生禅』（春秋社）
同『禅思想史研究第一』（岩波書店）
鈴木大拙・古田紹欽『盤珪禅の研究』（山喜房仏書林）
長井石峯『正眼国師　盤珪大和尚』（政教社）

②正三
中村元『近世日本の批判的精神』（春秋社）
大森曹玄『禅を生きる』（林書店）
前者は、はじめての本格的な正三研究として注目すべきものである。後者には短いがすぐれた二王禅の紹介がある。大森老師による正三語録の全釈が望まれる。

③良寛
相馬御風『大愚良寛』（春陽堂）
吉野秀雄『良寛和尚の人と歌』（弥生書房）
同『やわらかな心』（講談社）
同『心のふるさと』（筑摩書房）
吉野氏の第一の書にもし漢詩がより多く取り上げられていたら、筆者など何も書くことはなかったと思うほどに、すぐれた良寛鑑賞の書である。いま評判の高い第二書の中にも良寛論があり、盤珪への言及もある。第三書には、本書で扱った正三をのぞく三人の墨跡が紹介され、おのおの氏の解説が付されている。実に楽しい書である。

④一休

高島米峰『一休和尚伝』（改修版）（明治書院）

古田紹欽『一休』（雄山閣）

村田太平『人間一休』（潮文社）

一休の詩集『狂雲集』については、禅文学としての研究書はおろか一応の註釈すらもない。あまりに破天荒なその性の詩のゆえか、これまで専門の禅者からは敬遠され、ある意味で日本禅のタブー視されてきた感がないでもない。その意味で筆者がここに提出したささやかな私見は、責任ある禅者としてなされた一休禅への初めての小さな発言として、各位の批判をまつものである。なお幸いにも最近左記が刊行された。

祖心紹越真筆『狂雲集』（写真版）奥村重兵衛氏蔵・版

これは『狂雲集』現存写本中の最善本といわれるもので、この発行が一休研究に資した功績はきわめて大きい。その後書によると『大和文華』（第四十一号・一休特輯）に伊藤敏子氏のすぐれた校訂研究がある由であるが、不幸このたびは参照できなかった。本書の詩の原文は、竹内尚次学兄の厚意により、同写真版を借りて校合することができた。

なお一休については左記がある。

唐木順三『中世の文学』（筑摩叢書）

同　『応仁四話』（筑摩書房）
前書にはすぐれた一休論があり、後書には一休についての先生の評判の創作「しん女語りぐさ」が収められている。

〔付記〕序・著作集版に寄せて

本書はもと「日本の仏教」第十二巻として、『禅門の異流――盤珪・語録　正三『驢鞍橋』良寛・詩集　一休『狂雲集』』（昭和四十二年七月、筑摩書房刊）と題して刊行されたものである。

本書は私の著書の中でも妙に評判を呼んだ本で、まず刊行後間もなく先輩から、「盤珪や一休や正三や良寛が、なんで禅門の異流なのだ」という、批判を受けた。筆者はすでに旧著の「まえがき」で、「ひたすら自己に忠実に、時の権威を眼中におかず、禅界の本流（？）の腐敗・堕落に敢然としてプロテストして、独自の道を歩んだ、日本禅の偉流たち」と言った。しかし、あの本の題はもともと編集部によって与えられたものであったので、今回はずばり『一休・正三・盤珪・良寛――禅門の偉流たち』と改め、その順序も各禅者の年代順に変えた。

本書に対する第二の批判は、原典の引用が多すぎるという批難であった。しかしこれも、たとえば「良寛を良寛自身の言葉で語らせる」というのが、もともとこのシリーズ全体の企画方針（それは編集部で付した旧著の副題を見ればよく了解できよう）であった。あるかたは先の批判とは逆に、「へたに著者の私見をさしはさまず、良寛を良寛自身の言葉で語らせたのがよい」と、そこを認めてくださった向きもあった。

ともあれ筆者の意図は、一休の風狂禅・正三の在家禅と二王禅・盤珪の不生禅・良寛の大愚禅を、できるだけ彼ら各自の自身の言葉で語らせようと努めたところにある。

この本はその後何度か版を重ねたが、そのうちにこのシリーズ全体の重版がやめになり、長く絶版同様の品切れ状態が続いた。主としてそれは年輩の読者のかたがたに多いのだが、「君の本を全部読みたいと思うが、版元にきいても品切れで、古本屋を探しても入手できない。特に『禅門の異流』がない。何とかならないか」というお手紙をいただくことが多くなった。あるかたは電話で「君の手許には余部はないか」と言われるので、「一冊ある」というと、翌日小庵の玄関に立って、「その一冊をぜひ分けてほしい。十倍の値段でもいい」と、真顔で言われる。またあるかたは「いくらかかってもよいから、ゼロックスでコピーしてくれ」とも言われた。私としては著者冥利に尽きるとはいうものの、実際となるとほんとに困ってしまう。

まだ年齢的に少々早いと思いながら、著作集の刊行に私を踏み切らせた動機の一つに、この本を初め二、三の小著の品切れが関係したことを、私はここで言っておきたかったのである。この本があんなにも読者各位に愛された原因は、筆者の力ではけっしてなく、一にかかってここに登場する主人公たちの〝禅者としての魅力〟のせいであることをよく知っている筆者だから、読者各位はこの一文をけっして自賛の語とは取られないと信じてペンを置く。

昭和五十三年一月十九日　得度の記念日に

花王庵　禅学研究室にて

秋月龍珉

あとがき

本書の第一版は、昭和四十二年七月十五日に筑摩書房から、「日本の仏教」第十二巻として、『禅門の異流――盤珪・語録　正三『驢鞍橋』　良寛・詩集　一休『狂雲集』』と題して上梓された。その間の事情は、「まえがき」について見られたい。

その後、第二版が、昭和五十三年四月三十日に三一書房から、「秋月龍珉著作集　第三巻」として、『一休・正三・盤珪・良寛――禅門の偉流たち』と改題して上梓された。そのときの事情は、今回特に巻末に付記した「昭和五十三年一月十九日　得度の記念日に」とある「序・著作集版に寄せて」について見られたい。

そのとき、私は祖師がたの順序を入れ替えただけでなく、全巻にわたって当時できるだけの簡単な訂正加筆を試みた。しかし、今回本書が「筑摩叢書」の一巻として、ふたたび筑摩書房から刊行されるに当たっては、諸般の事情から、明らかな誤りの訂正のみに止めざるを得なかった。巻末の「参考文献」についても、その後の諸家の研究の紹介は割愛した。各位のご了承を乞う次第である。

それにしても私は、この小著が、再建成った筑摩書房から、かねて敬愛してやまぬ「筑摩叢書」の一巻として上梓されることに喜びを禁じえない。

時あたかも、今年は、本書で私が巻頭に取り上げた盤珪永琢禅師《ばんけいようたくぜんじ》の三百年遠忌《おんき》の年に当たる。私は、今後の日本臨済宗は、これまでの白隠禅中心に偏せず、大いに盤珪禅をこそ挙揚《こよう》すべきであると信じているだけに、嬉しさひとしおの思いである。

最後に、本書の再刊に骨折ってくださった、旧知の大西寛氏（筑摩叢書編集担当）に心からの謝意を表する。摩訶般若波羅蜜多！

平成四年一月七日

即非庵にて　秋月龍珉

解説　「偉流の人」が描く、禅の圧倒的な個性と多様な魅力

竹村牧男

本書はもと、筑摩書房刊「日本の仏教」第十二巻として、『禅門の異流——盤珪・語録正三『驢鞍橋』良寛・詩集　一休『狂雲集』』（昭和四十二年七月）と題して刊行されたものである。その「まえがき」に、

いまここに、日本の禅の、そうした独創的・個性的な禅者たちを数え上げれば、一休宗純（一三九四—一四八一）・石平正三（一五七九—一六五五）・盤珪永琢（一六二二—一六九三）・大愚良寛（一七五八—一八三一）らがある。本書はこれらの人々を『禅門の異流』なる一巻にまとめた。

これら一群の禅者たちに通ずるところは、ひたすら自己に忠実に、時の権威を眼中におかず、禅界の本流（？）の腐敗・堕落に敢然としてプロテストして、独自の道を歩んだ、日本禅の偉流たちであったことである。

と語っている。

著者の秋月龍珉《りょうみん》（一九二一—九九）は、現代禅界のまさに異流・偉流の人であったと言っても過言ではないであろう。若い時代、プロテスタントのやや神秘主義的な牧師らの指導を受け、のち建長寺・宮田東珉老師、円覚寺・古川堯道《ぎょうどう》老師、武蔵野般若道場・苧坂《おさか》光龍老師らの鉗鎚《けんつい》を受け、また鈴木大拙の指導を受ける一方、東京大学文学部哲学科にて西田哲学の研究を行い、禅道と禅学の二足のわらじをはいて禅道の一本道をまっすぐ行くと、いつも語っていた。公案の研究を深く果たし、法理に明るい一方、日本近代の禅僧らの逸話等にもひじょうに詳しかった。一方で、キリスト者の八木誠一らと親しく交わり、宗教間対話を哲学レベルで推進し、禅とキリスト教懇談会、東西宗教交流学会等の主なメンバーとしてその運営に活躍した。雲水として僧堂において修行したことは無かったが、五十歳の時に山田無文老師のもとで出家得度し、神楽坂の自宅で道を求める男女を指導した。埼玉医科大学、花園大学などで教鞭も執った。

生涯に百冊ほどもの著作を世に送り出したが、『臨済録』、『趙州録』など禅宗の語録の解説書、『絶対無と場所』等の宗教哲学書、その他、禅に関する啓蒙書等を多数、遺している。本書は、それらの中でも、盤珪の不生禅・正三の二王禅（仁王禅）・良寛の大愚禅・一休の風狂禅を、できるだけ彼ら自身の言葉で語らせようと努めたものとして、異彩を放っている。

本書における各章の名称を挙げると、「不生の仏心の説法・盤珪禅師語録、二王坐禅と在家仏法・正三道人『驢鞍橋』、わが詩は詩にあらず・良寛禅師詩集、風狂の禅と詩と・一休禅師『狂雲集』」となっており、龍珉は本書においてそれぞれの禅者の〝主著〟を中心としてその禅の核心を説き明かしていることが知られよう。以下、本書に語られた各禅僧の生涯と思想について、ごく簡単にその要点を紹介する。

初めに、盤珪永琢は幼年の頃から『大学』を習ったが、やがてその書に出る「明徳」とは何かが自らの課題となり、念仏、密教を経て禅宗に帰依し、結局、赤穂の随鷗寺の雲甫和尚に就いて参禅修行することになった。しかしなかなか明徳は明らかとならず、諸方行脚の旅に出るも解決できず、再び雲甫和尚の下に帰り、その指導の下に猛烈に坐禅を組んで、座布団に穴が開くほどであった。とうとう病気にもなり、もはや息も絶えようという事態になったが、「ある朝、縁に出てうがいをするに当って、微風が梅の花の香りをほのかに送ってきたのが縁になって、豁然として多年の疑団が氷解した」（二五頁）という。

以後、明徳については語らず、「一切の事は「不生」でととのう」という一点を、人々にやさしい語り口で示すのであった。

このように、盤珪の悟道の体験は、実に劇的なものであった。雲甫和尚がこれを証明したのはもちろんであり、かつ盤珪は自己の体験の証明に立ってくれる師を求めて諸方の行脚に出るが、盤珪の意にかなった者はついぞいなかった。明から来ていた道者超元（一六五一年来朝、滞日八年で帰国）に長崎の崇福寺で相見して、大事了畢の証明を受けたが、後に盤珪は道者も十分ではないと評するのであった。ちなみに、日本の黄檗宗の祖となった隠元（一五九二―一六七三）に対しては、一目見て、「不生の人ではない」と見破ったという。

万治二年、時の丸亀城主および小学の友とにより、郷里の浜田村に竜門寺を贈られ、大洲の如法寺とこの竜門寺が盤珪一代の教化の中心となった。その教化活動は大変、盛んで、ひじょうに多くの後継者を育成し、あらゆる階層の者、五万人以上が弟子の礼をとったという。

すでに述べたように、盤珪はひとえに不生で一切が調うということを説き続けたのであった。龍珉はそのさまざまな説法を体系的に整理し、かつ詳しく解説している。龍珉の師、鈴木大拙が、日本の禅の三類型として、道元禅・白隠禅・盤珪禅を挙げていることを受けての事でもあるのであろう。その説法の一例を挙げれば、次のようである。

「しかるに不時にひょっひょっと、それぞれの声が通じわかれて聞きたがわずきこゆるは、不生の仏心で聞くというものでござるわいの。われは前かたから、それぞれのこえがせば、聞こうとおもう念を生じていたゆえに、聞いたという人は、この座には一人もござらぬわいの。それなれば、不生の仏心で聞くというものでござる。不生にして霊明なが、仏心に極りきったというのを、人々みな決定して、不生の仏心でござる人は、今日より未来永劫の、活《いき》如来《にょらい》と申すものでござるわいの」（七一―七二頁）。

ちなみに、盤珪は「皆の衆にはむだ骨をおらしませずに、畳の上にて楽々と、法成就させましたさに、精を出して」（六〇頁）、毎日、毎日、説法しているという。我々は盤珪の説法によって、労することなく根本的な安心に至り得るのである。ここに、盤珪のあふれる慈悲心を見ることができる。漢語を用いず、やさしい言葉で説明し、臨済宗にあっても公案を用いないスタイルは、唐代の黄檗や臨済に直結するものであった。

次に、石平道人鈴木正三は元、武士であり、四十二歳まで徳川家の旗本であった。四十二歳の時、ふと世を厭うて出家したという。その後、諸方を行脚修行し、寛永十六年（一六三九）六十一歳の時、「はらりと生死を離れて」大悟したと伝えられている。七十歳の時、江戸にのぼり、教化活動を展開し、明暦元年の六月二十五日、安然として遷化《ぜんげ》した。時に七十七歳であった。

正三には、『驢鞍橋』三巻のほか、『万民徳用』『盲安杖』『二人比丘尼』『念仏草紙』等の著書があり、すべてかな法語である。龍珉は、中でも正三の真面目をもっともよく活写したものは『驢鞍橋』に及ぶものはないとし、そこには、正三禅の宗風――二王勇猛の祖・果し眼の念仏・死に習う仏法・浮む心沈む心・仏法即世法の提唱等々、にその特質を見ている。なお正三は臨済宗の大愚のもとで出家したようであり、また臨済宗の愚堂東寔らとも親しく交わったが、自らは曹洞宗に帰していた。

龍珉は、『驢鞍橋』の特徴を三つ挙げている。第一に、正三の修証（修行と悟り）に対する態度の厳しさであるという。正三は、修行は「曠劫多生」をかけて修するものだと説くのである。第二は、有名な「二王禅」の提唱であり、第三は、「世法即仏法」、すなわち今日のいわゆる「在家仏法」の主張であるという。龍珉は、以下、この主題に沿って、『驢鞍橋』の文章を引用し、説明している。

その中、第二の点については、たとえば「仏道修行というは、二王・不動の大堅固の機を受けて修すること一つなり。この機をもって身心を責め滅すよりほか、別に仏法を知らず。……機をひっ立て、眼をすえ、二王・不動、悪魔降伏の形像の機を受け、二王心を守って、悪業煩悩を滅すべし」（上、三）（一二四頁）などの激烈なお示しがある。さらには、「死して後の成仏を求めずとも、只今活きていて、自由に死ぬことを仕習え」等とも説く（一四一頁）。実に修行者を勇猛果敢な修行に奮い立たせるのであった。

そのことは、第三の在家の世俗的生活がそのまま仏道修行であるとの主張にもつながっている。その主張は、『万民徳用』のほうに多く説かれているが、『驢鞍橋』でもたとえば「農業すなわち仏行なり。別に用心を求むべからず。……しかる間、農業をもって業障を尽くすべしと大願力を起し、一鍬一鍬に南無阿弥陀仏、南無阿弥陀仏と耕作せば、必ず仏果に至るべし」（上、九十八）とある（一五二頁）。

さて、第一の点は、正三の禅の他と際立って異なる性格をもっともよく表すものと思われる。禅ではよく見性などを言い、頓悟成仏などとも言うが、実際は煩悩はとうてい尽くせるものではないと説く。仏道修行というものは、「何が五十二位を歴《へっ》尽くし、一から十まで、ひら責めに責め尽くして、多生までもかけて尽くす義」（下、六十二）（一一〇頁）であるという。日ごろ仏祖に対し三回の礼拝くらいしかしないという僧に対し、「そのつれにて何として真実起るべし。せめて五百礼も千礼もなし、身心を責めて業障を尽くすべし。また一生に成仏せんと思うべからず。曠劫多生をかけてすることなり。何とぞ今度、餓鬼・畜生を出、せめて人間にならるべし」（上、二十六）（一一七―一一八頁）と示している。実に真剣、真摯である。こうしたところに、正三の自らに対して一切ごまかしのない、他に類例のない厳正な姿勢を見ることが出来よう。

次に、良寛は越後・出雲崎の名家、橘屋の長男に生まれ、十八歳の時、家を出奔して光照寺に入り、二十二歳の時、そこで国仙和尚と出会ってともに備中・玉島の円通寺（曹洞宗）に赴き、本格的な修行生活を始めた。円通寺で十年余、修行を続け、国仙和尚の印可を受けた。諸国行脚を経て、三十八歳の頃、越後に還り、以後、国上山の五合庵等に拠り、騰騰任運の生活を送った。和歌、漢詩、書に優れた作品を残し、今日も多くの人々を魅了している。天保二年一月六日、弟の由之や弟子の貞心尼らに見守られながら、晩年に世話になった木村家の手厚い看護を感謝しつつ、七十四歳で遷化した。

良寛の禅の特質について、龍珉は特にいくつかの特徴を指摘することはしていない。ほぼ生涯の事績に沿って、漢詩や和歌に語らせるというしかたで、良寛の人間と思想を描いている。そうした中で、禅者・龍珉の鋭い指摘が随所に見られる。たとえば、「少年より父を捨てて他国に走り、辛苦、虎を画《えが》いて猫にも成らず。人あってもし箇中の意を問わば、ただこれ従来の栄蔵生」という詩の結句に対し、「例の有名な法身国師の「法身覚了すれば無一物、もとこれ真壁の平四郎」に通じる〈禅ではまたこの間の消息を〉「悟了同未悟」ともいう〉、禅者の常套表詮の一つである」（一七五頁）との解説を施している。

良寛の人となりについて、龍珉は「一見奇嬌にさえ見えるその言行の中に、「悲しいばかり真面目な、真剣な、うそのない」良寛その人の涙があった。そこに、玲瓏玉のごとき人間良寛の、あの温《ぬく》もりと潤いと和らぎの秘密がある。ひっきょう良寛は慈悲の人であった」（一八二頁）と評している。

総じて、最小限の説明を添えつつ、良寛の代表的な漢詩や和歌を多く紹介している。中に晩年に現れた貞心尼との贈答歌を、『蓮の露』からそっくり引用している。また、良寛の和歌について、「宗祖道元の和歌（傘松道詠）にくらべても、芸術的な高さにおいて良寛自身の方がはるかにすぐれている」（一八四―一八五頁）と述べ、良寛の悟境の表現と見られる和歌もいくつか紹介している。一方、「良寛の詩はその歌よりも、良寛その人の禅意識、その思想面をよりよく写しているように思われる。禅者としての良寛を見る場合には、歌集より詩集に重点をおいて見なければならないかもしれない」（二一三―二一四頁）とも言っている。

その最後のほうには、良寛の他力への近接について、「しかし宗教の極致において、自力と他力とはけっして別物ではない」（二四四頁）、「自力を尽くして始めて真に他力がわかる。小さな自己を投げ出して、己れを空《むな》しうして、一切のはからいをはなれる時、そこに始めて「天真自然」に通ずる道がある。「捨ててこそ」それは自力宗・他力宗を問わず、宗教の極致である」（二四五頁）等と説いている。禅者・龍珉ならではの、良寛の宗教性の貴重な解明がここにある。その意味で本書のこの章は、良寛ファンの必読書というべきものである。

最後に、一休は、若い時、江州（東近江）堅田《かただ》の臨済宗の禅興庵の華叟宗曇に就いて参禅、辛辣を極めた厳しい指導に命がけで修行し、二十五歳の時、「一日盲法師が平家琵琶を奏して、祇王が清盛入道の寵を失って髪をおろして尼となる一段をきいて、忽然として「洞山三頓の棒」（『無門関』第十五則）の公案を悟った。華叟はこれを肯って、道号として「一休」の二字を大書して与えた」（二五七頁）という。

その二年後の夏、一休は闇夜に啼く烏の声を聞いて、豁然として大悟し、これを華叟は「おまえこそ真の作家〈やり手〉だ」と認めたという（二五七―二五八頁）。その時の投機の偈が残っている。華叟は一休をことのほか評価し、もっぱら一休に望みを託すのであった。

一休はその後、聖胎長養の行脚に出、以後、歴代の祖師たちの語録の研究等に沈潜した。とりわけ、中国の虚堂智愚、日本の大応・大燈両国師に深く帰投した。中年から壮年にかけて紆余曲折を経るが、晩年の文明六年、八十一歳の時、大徳寺住持の勅請を拝命、紫衣を賜った。文明十三年、遷化している。世寿八十八であった。

本書では、一休の詩集『狂雲集』から多くの詩を引いて、最小限の註を付し、読者がじかにそれらの詩を味わうよう計らっている。龍珉は、この『狂雲集』の特徴として、第一に、歴代の祖師方に至心の純情を献げていること、第二に、兄弟子養叟を初めとする俗僧たちへの反感・痛罵等、第三に、自責・自嘲・自賛、第四に、男色・女色の赤裸々な性の自由境の四つを挙げている（二六五—二六七頁参照）。

そこに現われた一休像として、龍珉は、「上は天皇家から、下は純朴な市井の民衆に至るまで、「活き仏さま」とあがめられた一休であった。それはかれに接した者は何人も、この世の一切の窮屈なとらわれから解き放たれて、人間としての本然の「自由」をかいま見せられたからでもあろうか」（二六七頁）と言い、沢庵の一休を詠んだ詩に基づき、「一休その人の本領は、実頭の人、至誠《まこと》の人、真情の人、純一無雑の天然の自由人であったが、それを真に見抜くことはなかなかむずかしい」（二六八頁）と紹介している。

中から一つ、「自賛」の詩を紹介しよう。「華叟の子孫、禅を知らず、狂雲面前、誰か禅を説く。三十年来、肩上重し、一人荷担す松源の禅」（二九〇頁）。この詩の註に、「松源—運庵—虚堂—大応—大燈—徹翁—言外—華叟—一休と伝える」（同前）、とある。

一休の「性の自由境を謳歌」する詩については、森女との交わりの詩を含め多くの詩を紹介し、その後に「「風狂の禅」私見——かねて本書の行論の宗教的な結論として」の節を置き、龍珉自身の宗教哲学に関する見解を披瀝している。そこでは、無心の行《こう》から有心の知（分別）を経て真の自由（無分別の分別）を得る道に宗教の世界があると説明されるが、その最後に一休の風狂にふれて、「この際、一休の性の「自由」の「行」の世界が、人間的な

まさにきわどい一線で「禅機」を保ち得ていることに、改めて注意を喚起することは、もはや無用の婆説であろう」等（三一四―三一五頁）と指摘している。

以上、龍珉は本書において、盤珪の解脱・安心の核心を衝く平明な法語、正三の勇猛な修行を説く迫力ある法語、良寛の清澄な境界および人間へのあふれる慈愛を謳う詩歌、一休の奔放な言動を映し出す漢詩集の、その真価を禅道と禅学の深い背景に基づいて精確に描き出している。我々は本書によって、それぞれの禅の圧倒的な個性が輝く多様な魅力を、深く味わうことができよう。この四人は、臨済宗の栄西ないし大応国師・大燈国師、関山禅師および白隠等、また曹洞宗の高祖・道元、太祖・瑩山紹瑾等といった本流に、実は勝るとも劣らない越格の禅者であることも、本書の説明によってよく理解されることであろう。

私がかつて学生時代に本書を読んだ時、特に良寛の章や一休の章などにおいては、ただ詩を並べているだけで、簡素に過ぎるのではないかと思ったことも事実である。しかし今回、あらためて本書を読んでみると、実に巧みに必要かつ十分な解説を適切に施していることに気づかされた。たとえば良寛の章で言うと、前にも禅独特の表詮について少し触れたが、他に、国仙や良寛のいう拄杖子は、「道元のいわゆる「身心脱落、脱落身心」すなわち「本来の自己」の現成にほかならない」と言い（一六八頁）、「毬子」（手まり）の詩に出る「箇中の意旨」は、「禅の極意、いわゆる「祖師西来の意」そのものでもある」（一九三頁）と言う。それらのすべては、禅を究めた達道の士ならではの指摘である。

こうして、本書では一書に禅僧を四人も入れてはいても、それぞれけっして簡略・希薄になってはおらず、各人の独自の本質を十分に描いていて重厚であり、読み応えのある書物となっている。この四人を一堂に並べての説述によって、日本の禅仏教がいかに豊かなものであるかが、ますます明らかとなっていよう。

なお、本書の題名と構成は、当時の編集部によって与えられたものであり、後に（昭和五十三年）、自らの著作集に収めるに当たっては、その順序を各禅者の年代順に改め、題名も『一休・正三・盤珪・良寛――禅門の偉流たち』と改めている。もとの「異流」の語に、単なる異端と受け止められかねなかったことを避けたかったのであろう。この「異流」の「異」とは、実は異能、異才の異、きわめて優れたの意であることを、あらためて訴えたかったのであった。


（仏教学者／筑波大学名誉教授・東洋大学名誉教授）

KODANSHA

本書の原本は、一九九二年に筑摩叢書より刊行されました。なお、初出は一九六七年に筑摩書房より刊行されたシリーズ「日本の仏教」第十二巻『禅門の異流——盤珪・語録　正三『驢鞍橋』　良寛・詩集　一休『狂雲集』』です。

秋月龍珉（あきづき　りょうみん）

1921–1999年。東京大学文学部哲学科卒業。同大学院修了。花園大学教授を経て，埼玉医科大学名誉教授。著作に『道元入門』『一日一禅（上・下）』『禅のことば』『白隠禅師』『「正法眼蔵」を読む（正・続）』『無門関を読む』等がある。

講談社学術文庫

定価はカバーに表示してあります。

禅門《ぜんもん》の異流《いりゅう》

盤珪《ばんけい》・正三《しょうさん》・良寛《りょうかん》・一休《いっきゅう》

秋月龍珉《あきづきりょうみん》

2024年9月10日　第1刷発行

発行者　森田浩章
発行所　株式会社講談社
東京都文京区音羽 2-12-21 〒112-8001
電話　編集（03）5395-3512
販売（03）5395-5817
業務（03）5395-3615
装　幀　蟹江征治
印　刷　株式会社ＫＰＳプロダクツ
製　本　株式会社国宝社
本文データ制作　講談社デジタル製作

ISBN978-4-06-537099-5

「講談社学術文庫」の刊行に当たって

これは、学術をポケットに入れることをモットーとして生まれた文庫である。学術は少年の心を養い、成年の心を満たす。その学術がポケットにはいる形で、万人のものになることは、生涯教育をうたう現代の理想である。

こうした考え方は、学術を巨大な城のように見る世間の常識に反するかもしれない。また、一部の人たちからは、学術の権威をおとすものと非難されるかもしれない。しかし、それはいずれも学術の新しい在り方を解しないものといわざるをえない。

学術は、まず魔術への挑戦から始まった。やがて、いわゆる常識をつぎつぎに改めていった。学術の権威は、幾百年、幾千年にわたる、苦しい戦いの成果である。こうしてきずきあげられた城が、一見して近づきがたいものにうつるのは、そのためである。しかし、学術の権威を、その形の上だけで判断してはならない。その生成のあとをかえりみれば、その根は常に人々の生活の中にあった。学術が大きな力たりうるのはそのためであって、生活をはなれた学術は、どこにもない。

開かれた社会といわれる現代にとって、これはまったく自明である。生活と学術との間に、もし距離があるとすれば、何をおいてもこれを埋めねばならない。もしこの距離が形の上の迷信からきているとすれば、その迷信をうち破らねばならぬ。

学術文庫は、内外の迷信を打破し、学術のために新しい天地をひらく意図をもって生まれた。文庫という小さい形と、学術という壮大な城とが、完全に両立するためには、なおいくらかの時を必要とするであろう。しかし、学術をポケットにした社会が、人間の生活にとってより豊かな社会であることは、たしかである。そうした社会の実現のために、文庫の世界に新しいジャンルを加えることができれば幸いである。

一九七六年六月

野間省一

宗教

1568
無門関を読む
秋月《あきづき》龍珉《りょうみん》著

無の境地を伝える禅書の最高峰を口語で読む。公案四十八則に評唱、頌を配した『無門関』は『碧巌録』と双璧をなす名著。悟りへの手がかりとされながらも、難解で知られるこの書の神髄を、平易な語り口で説く。

1598
一日一禅
秋月龍珉著（解説・竹村牧男）

師の至言から無門関まで、魂の禅語三六六句。柳緑花紅、照顧脚下、大道無門。禅者が、自らの存在をその一句に賭けた禅語。幾百年、師から弟子に伝わった魂に食い入る禅語三六六句を選び、一日一句を解説する。

1600
空の思想史　原始仏教から日本近代へ
立川武蔵著

一切は空である。仏教の核心思想の二千年史。神も世界も私すらも実在しない。仏教の核心をなす空の思想は、絶対の否定の果てに、一切の聖なる甦りを目指す。印度・中国・日本で花開いた深い思惟を追う二千年。電P

1622
正法眼蔵随聞記
山崎正一全訳注

道元が弟子に説き聞かせた学道する者の心得。修行者のあるべき姿を示した道元の言葉を、高弟懐奘が克明に筆録した法語集。実生活に即したその言葉は平易で懇切丁寧である。道元の人と思想を知るための入門書。

1638
インド仏教の歴史　「覚り」と「空」
竹村牧男著

インド亜大陸に展開した知と静の教えを探究。菩提樹の下のブッダの正覚から巨大な「アジアの宗教」へ。悠久の大河のように長く広い流れを、寂静への「覚り」と一切の「空」というキータームのもとに展望する。

1642
世親
三枝充悳《さいぐさみつよし》著（あとがき・横山紘一）

唯識の大成者にして仏教理論の完成者の全貌。現代の認識論や精神分析を、はるか千六百年の昔に先取りした精緻な唯識学を大成した世親。仏教理論をあらゆる面で完成に導いた知の巨人の思想と全生涯に迫る。

宗教

1645～1652

道元著／増谷文雄全訳注

正法眼蔵（一）～（八）

禅の奥義を明かす日本仏教屈指の名著を解読。魂を揺さぶる迫力ある名文で仏教の本質を追究した『正法眼蔵』。浄土宗の人でありながら道元に深く傾倒した著者が繰り返し読み込み、その真髄は何かに肉迫する。

1668

鈴木大拙著（解説・田上太秀）

禅学入門

大文字版

禅界の巨星が初学者に向けて明かす禅の真実。外国人への禅思想の普及を図り、英語で執筆した自著を自ら が邦訳。諸師家と弟子との禅問答を豊富に添えて禅の概要を懇切に説くとともに、修行の実際を紹介する。

電P

1685

五来《ごらい》 重《しげる》著

熊野詣

三山信仰と文化

日本人の思想の原流・熊野。記紀神話と仏教説話、修験思想の融合が織りなす謎と幻想に満ちた聖なる空間を宗教民俗学の巨人が踏査、活写した歴史的名著の文庫化。熊野三山の信仰と文化に探るこころの原風景。

電P

1686

田上太秀著

『涅槃経』を読む

ブッダ臨終の説法

いまわの際にブッダが説いた秘密の教えとは。多彩な比喩を用いた巧みな問答形式で、ブッダが自らの得た覚りを弟子たちに開示した『涅槃経』。東アジアの仏教思想に多大な影響を与えた経典の精髄を読み解く。

電P

1756

北森嘉蔵著（解説・関根清三）

聖書の読み方

大文字版

聖書には多くのメッセージが秘められている。聖書に基づくケイス・スタディにより、その読み方を具体的かつ根元的なかたちで提示、聖書の魅力を浮き彫りにする。わかりづらい聖書を読み解くためのコツとは。

電P

1768

大谷哲夫全訳注

道元「小参《しょうさん》・法語・普勧坐禅儀《ふかんざぜんぎ》」

仏仏祖祖の家訓をやさしく説く小参。仏道の道理を懇切に述べた法語。只管打坐、坐禅の要諦と心構えを記した普勧坐禅儀。真剣勝負に生きた道元の思想を漢文体の名文で綴った『永平広録』巻八を丁寧に解説する。

仏教の古典

555
凝然大徳《ぎょうねんだいとく》著／鎌田茂雄全訳注
八宗綱要《はっしゅうこうよう》
仏教を真によく知るための本

仏教の教理の基本構造を簡潔に説き明かした名著。凝然大徳の『八宗綱要』は今日なお仏教概論として最高のものといわれている。その原文に忠実に全注釈を加えた本書は、まさに初学者必携の書といえる。

679
友松圓諦著（解説・奈良康明）
法句経《ほっくきょう》

法句経は、お経の中の「論語」に例えられる釈尊の人生訓をしるしたお経。宗教革新の意気に燃え、人間平等の人格主義を貫く青年釈尊のラジカルな思想を、四百二十三の詩句に謳いあげた真理の詞華集である。

944
鏡島元隆《かがみしまげんりゅう》著
道元禅師語録《どうげんぜんじごろく》

仏法の精髄を伝えて比類ない道元禅師の語録。道元の思想と信仰は、「正法眼蔵」と双璧をなす「永平広録」に最も鮮明かつ凝縮した形で伝えられている。思慮を傾けた高度な道元の言葉を平易な現代語訳で解説。

980
道元著／中村璋八・石川力山・中村信幸全訳注
典座教訓《てんぞきょうくん》・赴粥飯法《ふしゅくはんぽう》

典座とは、禅の修行道場における食事を司る役をいい、赴粥飯法とは、僧堂に赴いて食事を頂く作法をいう。両者の基本にあるものこそ真実の仏道修行そのものと説く。食と仏法の平等一如を唱えた道元の食の基本。

1334
慧立《えりゅう》・彦悰《げんそう》著／長澤和俊訳
玄奘三蔵《げんじょうさんぞう》
西域・インド紀行

天竺の仏法を求めた名僧玄奘の不屈の生涯。七世紀、大唐の時代に中央アジアの砂漠や天に至る山巓を越えて聖地インドを目ざした求法の旅。更に経典翻訳の大事業に生涯をかけた玄奘三蔵の最も信頼すべき伝記。

1441
夢窓国師《むそうこくし》著／川瀬一馬校注・現代語訳
夢中問答集

仏教の本質と禅の在り方を平易に説く法話集。悟達明眼の夢窓が在俗の武家政治家、足利直義の問いに懇切丁寧に答える。大乗の慈悲、坐禅と学問などについて、欲心を捨てることの大切さと仏道の要諦を指し示す。電 P